MEDIAÇÃO FENOMENOLÓGICA

INÊS CAMPOLINA

Belo Horizonte
2021

Informações para contato:

E-mail: inescampolina@hotmail.com

Instagram: @inescampolina

LinkeDin: linkedin.com/in/inescampolina

Campolina, Inês.
Mediação Fenomenológica /
Inês Campolina. – Belo Horizontes: s.e., 2021.

347 f.

ISBN 9798542650852

1. Direito. 2. Mediação. 3. Fenomenológica. 4. Mediação Fenomenológica. 5. Acesso à justiça.

Revisão ortográfica: Lívia Renhe Bugança

Editoração: Mayara de Carvalho Araújo

Não entramos duas vezes no mesmo rio, ou da mesma forma. Hoje sou outra pessoa, com paz no coração, graças às oportunidades apresentadas pelos caminhos da minha vida. Obrigada, Deus, que sempre me iluminou, me guiou e me abençoou.

Ao Giovanni, pelo apoio e demonstrações cotidianas de intenso amor, respeito, carinho e parceria na vida em família.

Aos amores incondicionais da minha exitência, Fernando e Felipe, pelos ensinamentos e momentos que juntos vivemos e pelos que virão.

Aos meus pais, Carlos Alberto e Mariângela, que, desde a minha abertura, sempre fizeram parte do mundo circundante e zelaram pela minha historicidade e pela rede referencial, a base de pré-conceitos.

APRESENTAÇÃO

O meu percurso na carreira acadêmica jurídica resultou na pesquisa da mesma estrutura temática: gestão de conflitos. Iniciei pela especialização – mediação e arbitragem no direito empresarial, no mestrado – arbitragem sob a perspectiva dos sócios e da sociedade empresária, e no doutorado – a mediação.

Com isso, essa obra é o resultado da pesquisa realizada durante o curso de Pós-Graduação Strito Sensu do Programa da Faculdade de Direito da Universidade Federal de Minas Gerais. A Tese foi defendida em março de 2017, na área de concentração: Direitos Humanos e Estado Democrático de Direito: fundamentação, participação e efetividade e o Projeto coletivo: Hermenêutica Jurídica na Matriz Fenomenológica e na Matriz Epistemológica.

A motivação para a pesquisa no doutorado envolveu a reflexão sobre a efetividade da mediação como estava posto até então. Após período de construção, desconstrução e reconstrução de todo o conhecimento adquirido ao longo de anos, surgiu o inconformismo com o procedimento da mediação e suas variáveis, que embora apresente inúmeros resultados satisfatórios, não vislumbrava, na minha percepção, o real aprendizado dos mediandos.

Assim, a pesquisa na base fenomenológica possibilitou o fomento da criticidade no mapeamento de situações rotineiras e de alternativas que trouxessem a resolução com base na consciência do mediando em sua rede referencial diante da justificativa de suas reais razões de ser e de viver. É a oportunidade de pensar sobre uma maneira diferente de viver, de perceber o que as rodeia, de apresentar a eficiência na resolução dos conflitos por meio da Mediação Fenomenológica, na qual as pessoas têm a chance de compreender o que houve, entender os atos, discursos e relacionamentos para, com sabedoria de poder existir e se reconhecer, buscar um futuro de paz. Paz é sinônimo de vida com amor, respeito, moral e ética.

A Mediação Fenomenológica constitui, portanto, um modo de trazer o mediando à sua realidade e de encontrar o seu interesse e a necessidade que vai resultar no acordo efetivo e consciente. Constitui-se em uma metodologia a ser aplicada na resolução de conflitos que poderá, também, alcançar resolução de questões que permeiam o todo.

Espera-se, com esta obra, poder contribuir para uma qualidade de vida melhor do ser humano para consigo mesmo, com os outros e no mundo o qual habita.

A paz que a sociedade tanto procura, que a entidade familiar espera obter, que o ser humano busca em seu cotidiano, está mais perto e fácil do que se imagina.

Depois da tempestade, vem a calmaria, "A Paz".

A Paz (Gilberto Gil)

A paz invadiu o meu coração
De repente, me encheu de paz
Como se o vento de um tufão
Arrancasse meus pés do chão
Onde eu já não me enterro mais
A paz fez um mar da revolução
Invadir meu destino;
A paz
Como aquela grande explosão
Uma bomba sobre o Japão
Fez nascer o Japão da paz
Eu pensei em mim
Eu pensei em ti
Eu chorei por nós
Que contradição
Só a guerra faz
Nosso amor em paz
Eu vim
Vim parar na beira do cais
Onde a estrada chegou ao fim
Onde o fim da tarde é lilás
Onde o mar arrebenta em mim
O lamento de tantos "ais"

RESUMO

A mediação de conflitos foi introduzida na legislação brasileira com o intuito de constituir metodologia diferenciada, visando auxiliar a administração do Poder Judiciário. Não basta aplicar a metodologia com tecnicismo. Assim, para potencializar a autonomia e o aprendizado de habilidades de saberes do cidadão, é necessário que o mediador tenha a sensibilidade para perceber, na linguagem do discurso e nas atitudes que desvelam o homem, a constituição de importantes modos para compreender o Ser-no-mundo, o Ser-aí e o Ser-com no existir, na situação de conflito. Dessa forma, o mediador poderá auxiliar os mediandos na busca pela melhor possibilidade, que atenda, primeiro, a cada uma das partes diante de seus interesses individualizados, para depois se voltar ao olhar conjunto e tentar resolver o conflito. A Mediação Fenomenológica apresenta uma forma diferenciada de poder ser, existir e conviver. O ser humano deve viver na contemporaneidade se identificando no individualismo, mas não de forma superficial, e sim sendo e percebendo ele mesmo, se mostrando e se encontrando no discurso. O Ser-aí deve conviver com autenticidade, atento aos seus próprios interesses e necessidades, de modo pessoal, buscando a compreensão e interpretação, existindo. Destarte, faz-se necessário trazer à tona o estudo da fenomenologia por meio da linguagem como o modo de ser e de se mostrar para si mesmo e para o outro, a compreensão e interpretação entre o mediador e os mediandos no procedimento de resolução de conflito, a cotidianidade e os pré-conceitos, a desconstrução das verdades e a construção do acordo baseado nas possibilidades dos mediandos, retratando, assim, o estudo da linguagem como elemento importante na Mediação Fenomenológica como resolução efetiva e diferenciada do conflito.

Palavras-chave: Mediação. Fenomenologia. Linguagem. Mediação Fenomenológica.

LISTAS DE ABREVIATURAS E SIGLAS

ANAEL - Agência Nacional de Energia Elétrica
ADRs - Alternative Dispute Resolutions
CEJUSCS - Centros Judiciários de Solução de Conflitos e Cidadania
CNJ - Conselho Nacional de Justiça
CONIMA - Conselho Nacional das Instituições de Mediação e Arbitragem
CSJT - Conselho Superior da Justiça do Trabalho
IDH - Índice de Desenvolvimento Humano
IMAB - Instituto de Mediação e Arbitragem do Brasil
MASCs - Meio Alternativo – ou Adequado de Resolução de Controvérsias
NUPEMEC - Núcleos Permanentes de Mediação e Conciliação
PIN - Pirâmide posição, interesse e necessidade
RAD´s - Meios de Resolução Apropriada de Disputa
STJ - Superior Tribunal de Justiça
SNMA - Serviço Nacional de Mediação e Arbitragem

Sumário

APRESENTAÇÃO 6

RESUMO...10

LISTAS DE ABREVIATURAS E SIGLAS 12

Aspectos basilares da Mediação 17

1 CONSIDERAÇÕES INICIAIS...................................17

2 ASPECTOS HISTÓRICOS DA MEDIAÇÃO 24

3 . ASPECTOS GERAIS DA MEDIAÇÃO....................27

4 MEDIAÇÃO NO DIREITO BRASILEIRO.................32

4.1 Projeto Zulaiê Cobra..37

4.2 Resolução nº 125/2010 do Conselho Nacional de Justiça..40

4.3 A Lei de Mediação 42

4.4 O Código de Processo Civil 51

4.6 Resolução nº 271/2018 do Conselho Nacional de Justiça..57

5 MEDIAÇÃO NO DIREITO COMPARADO 59

5.1 Mediação na República Argentina 59

5.2 Mediação nos Estados Unidos 63

5.3 Mediação na França 66

5.4 Mediação em Portugal 68

6 MODALIDADES DA MEDIAÇÃO 72

6.1 Mediação Tradicional-Linear de Harvard 73

6.2 Modelo Transformativo 79

6.3 Modelo Circular-Narrativo ou Narrativo Circular .. 81

6.4 Mediação Avaliativa 82

6.5 Justiça Restaurativa 83

7 O PODER JUDICIÁRIO E A ATUAÇÃO DO CONSELHO NACIONAL DE JUSTIÇA NO USO DA METODOLOGIA DE MEDIAÇÃO 89

FENOMENOLOGIA E MEDIAÇÃO 123

1 INTRODUÇÃO 123

2 A NECESSIDADE DE REVER A LINGUAGEM NA COTIDIANIDADE 133

3 LINGUAGEM COMO MORADA DO SER HUMANO 145

4 A FENOMENOLOGIA DE HUSSERL E HEIDEGGER 154

5 ANÁLISE FENOMENOLÓGICA DO MODO DE RESOLUÇÃO NA MEDIAÇÃO **176**

6 A LINGUAGEM NO PROCEDIMENTO DE MEDIAÇÃO **190**

6.1 Linguagem na pré-mediação 200

7 A MEDIAÇÃO FENOMENOLÓGICA **215**

7.1 Ser-no-mundo do conflito: o conhecimento, reconhecimento e pré-conceitos diante da historicidade 215

7.2 A primeira sessão de Mediação Fenomenológica subsequente à pré-mediação 237

7.3 O Ser-aí e a autenticidade na Mediação Fenomenológica 255

7.4 O Ser-com na pessoalidade e impessoalidade 271

7.5 A compreensão como ato preparatório para os trabalhos de elaboração das possibilidades 291

7.6 A fase de elaboração das possibilidades: desconstruir e construir 305

7.7 O cuidado diante das escolhas que permearão a vida do Ser-aí 320

CONCLUSÃO **328**

REFERÊNCIAS **334**

SOBRE A AUTORA 347

ASPECTOS BASILARES DA MEDIAÇÃO

1 CONSIDERAÇÕES INICIAIS

A sociedade, com o passar dos séculos, mudou consideravelmente. O modo de vida das pessoas é outro. As relações entre pares são outras. As revoluções ocorreram; a evolução do ser humano em seu mundo também aconteceu. Como consequência das alterações do modo de ser e de viver, o conflito se apresenta mais intenso do que antes, em um número estatisticamente superior[1] e continua a existir nos contextos político, econômico e social. Assim, questiona-se: o que justifica o aumento de demandas no país? Há uma

---

[1] BRASIL.Conselho Nacional de Justiça - Brasília: CNJ, 2015. Entre os anos de 2009 a 2014, houve um aumento de praticamente 20% (vinte por cento) de processos em andamento. Disponível em: http://www.cnj.jus.br/programas-e-acoes/pj-justica-em-numeros. Acesso em: 27 mar. 2016. Em 2019 este número foi 6,8% maior que em 2018. Disponível em: https://www.cnj.jus.br/wp-content/uploads/2020/08/WEB_V2_SUMARIO_EXECUTIVO_CNJ_JN2020.pdf. Acesso em 09 jun. 2021.

efetiva providência dos Poderes do Estado com o escopo da obtenção de uma solução rápida aos processos demandados em virtude dos conflitos? As ações e incremento nas metodologias têm apresentado resultado considerável de resolução definitiva, ou os processos são reativados com novas demandas advindas dos conflitos anteriores não totalmente resolvidos?

SANTOS[2] esclarece que, após a Constituição de 1988, no discurso da redemocratização brasileira, houve crescente aumento da procura pelo Judiciário devido ao fomento da conscientização dos direitos dos cidadãos, dos direitos humanos, da função social da propriedade, da "procura suprimida" e, consequentemente, maior reivindicação à solução

---

[2] SANTOS, Boaventura de Sousa. **Para uma revolução democrática da justiça.** 3ª ed. São Paulo:Cortez, 2011,p.38. O Autor denomina "procura suprimida" como uma "área da sociologia das ausências, é uma ausência que é socialmente produzida, algo ativamente construído como não existente. A procura de direitos da grande maioria dos cidadãos, das classes populares deste e de outros países é *procura suprimida*.!

judicial. Apesar do ativismo judicial, da intervenção do Judiciário nos sistemas de políticas públicas, estão presentes lado outro a morosidade e burocracias processuais que ainda devem ser repensadas. Neste contexto, Boaventura analisa o novo perfil do Judiciário que, dando enfoque na administração do sistema brasileiro de justiça, visa à eficiência, eficácia, criatividade e competitividade como instrumentos inovadores. O Legislativo já publicou a reforma processual em 2015. Será que representa o bastante para a diminuição das estatísticas do Conselho Nacional de Justiça? Insere o referido autor as ADR – Resolução Alternativa de Litígios – ao lado do fomento da assistência aos carentes e do incentivo dos direitos difusos e coletivos como formas das melhorias ao acesso à justiça e, com isso, de contribuir para a revolução democrática da justiça.

Assim, a mediação como método transformativo de resolução de conflitos, ou como denominam alguns, RAD's – Resolução Adequada de Disputas[3], tem assumido papel relevante no contexto jurídico mundial através das várias legislações que foram publicadas, principalmente no final do último século – XX –, com o escopo de melhorar o relacionamento entre os indivíduos, diante da cultura do individualismo como explica CAMPOLINA,[4] refletindo-se, assim, na busca da pacificação social e na administração do Poder Judiciário.

NUNES[5] apresenta a reflexão sobre a transposição da era analógica para a digital – A Quarta Revolução e a necessidade de adequação de uma resolução que atenda a velocidade do mundo virtual em que não se tem paciência em aguardar. Acrescenta o doutrinador que as pessoas almejam

---

[3] BRASIL. Conselho Nacional de Justiça. **Manual de Mediação Judicial.** André Gomma de Azevedo (Org.). 6 ed. Brasília, DF: CNJ, 2016, p. 19.

[4] CAMPOLINA, Inês Maria de Carvalho. **Atuação do Advogado na Mediação.** In: Invocação da Justiça no Discurso Juspolítico, Coord. Maria Helena Damasceno e Silva Megale. Belo Horizonte: Imprensa Universitária UFMG: 201, p. 91.

[5] NUNES, Antônio Carlos Osório. **Manual de Mediação: guia prático para conciliadores.** São Paulo: Revista dos Tribunais, 2016, p. 33.

respostas rápidas e eficazes para seus problemas e conflitos.

Faz-se necessário ressaltar a utilização do método mediação como instrumento minimizador da chamada "crise mundial da justiça", nas palavras de MARTINS[6] . Analisando, ainda, a relação entre o desenvolvimento dos métodos alternativos e a "crise da justiça", acrescenta GRINOVER que

> Não há dúvidas de que o renascer das vias conciliativas é devido, em grande parte, à crise da Justiça. É sabido que ao

---

[6] MARTINS, Pedro A. Batista; LEMES, Selma M. Ferreira, CARMONA, Carlos Alberto. Aspectos **Fundamentais da Lei de Arbitragem**. Rio de Janeiro: Forense, 1999. Para o autor, a crise mundial da Justiça é uma insatisfação na população: "O Limiar do século XXI convive com uma avassaladora crise mundial da justiça, cujas responsabilidades finais recaem sobre o Judiciário, órgão que traz em si o poder superior de promover justiça e, assim, satisfazer o bem-estar e a harmonia sociais. O cotidiano, com frequência, tem mostrado a insatisfação da população no que tange à prestação jurisdicional. Difícil imaginarmos processo judicial que se resolva em menos de dois ou três anos. A bem da verdade, a culpa por esse desencanto com a justiça não deve repousar, de todo, nos ombros do Judiciário, pois sabemos que o Estado é o principal culpado pelo número desumano de medidas judiciais." p. 12.

extraordinário progresso científico do direito processual não correspondeu o aperfeiçoamento do aparelho judiciário e da administração da Justiça.

A morosidade dos processos, seu custo, a burocratização na gestão dos processos, certa complicação procedimental; a mentalidade do juiz, que nem sempre lança mão dos poderes que os códigos lhe atribuem; a falta de informação e de orientação para os detentores dos interesses em conflito; as deficiências do patrocínio gratuito, tudo leva à obstrução das vias de acesso à justiça e ao distanciamento entre o Judiciário e seus usuários. O que não acarreta apenas o descrédito na magistratura e nos demais operadores do direito, mas tem como preocupante consequência a de incentivar a litigiosidade latente, que frequentemente explode em conflitos sociais, ou de buscar vias alternativas violentas ou de qualquer modo inadequadas (desde a justiça de mão própria, passando por intermediações arbitrárias e de prepotência, para chegar até os "justiceiros").

[...] A crise da Justiça, representada principalmente por sua inacessibilidade, morosidade e custo, põe imediatamente em realce o primeiro fundamento das vias conciliativas: o fundamento funcional.[7]

---

[7] GRINOVER, Ada Pellegrini;WATANABE, kazuo;NETO LAGRASTA, Caetano. **Mediação e Gerenciamento do Processo.** São Paulo: Atlas, 2007, p. 2.

Deve-se destacar que o objetivo primordial deste estudo não está em questionar as justificativas que levaram a esta "crise", mas sim em apresentar o modo como o mediador deve atuar e auxiliar os mediandos a aprenderem a resolver seus próprios problemas. Além de apresentar a metodologia diferençada que permita uma alteração efetiva no modo de ser e de viver e conviver na solução das questões que impedem o ser humano de alcançar a paz interior. A certeza da potencialização de determinar como a vida será após participar da Mediação Fenomenológica como percurso formador do mediando, por meio das habilidades de saberes, constitui um dos objetivos desta obra.

Para que se possa entender melhor a metodologia, passa-se a análise da evolução da mediação no contexto nacional e mundial pelos estudos dos aspectos históricos brasileiros e do Direito Comparado.

2 ASPECTOS HISTÓRICOS DA MEDIAÇÃO

Mediação é um meio autocompositivo,[8] Meio Alternativo de Resolução de Controvérsias[9] (MASCs), com registro de surgimento desde os primórdios da própria civilização organizada, vigorando entre os sumérios, os gregos e os romanos.[10]

---

[8] Os autores explicam que a autocomposição ocorre quando uma das partes em conflito, ou ambas, abrem mão do interesse ou de parte dele, não havendo a presença do julgador e a imposição da decisão por uma das partes. GRINOVER, Ada Pelegrine; CINTRA, Antônio Carlos de Araújo; DINAMARCO, Cândido Rangel. **Teoria Geral do Processo**. São Paulo: Revista dos Tribunais, 1979, p. 5. É um conceito antagónico a heterocomposição onde o conflito é solucionado por um terceiro imparcial como o caso do juiz e do árbitro, devendo as partes obedecerem aos comandos impositivos da decisão – sentença ou laudo arbitral.

[9] VASCONCELOS, Carlos Eduardo de. **Mediação de conflitos e práticas restaurativas**. São Paulo: Método, 2008, p. 35. O autor refere-se a outras denominações: "ADRs – Alternative Dispute Resolutions; Meios Extrajudiciais de Resolução de Controvérsias (MESCs) e Meios de Resolução Apropriada de Disputa (RAD)."

[10] TAVARES, Marcelo Horta. **Mediação e Conciliação**. Belo Horizonte: Mandamentos, 2002, p. 31.

Há registro da mediação na China, na antiguidade, através das ideias do filósofo Confúcio, conforme explica SERPA

> Os chineses, na antiguidade, influenciados pelas ideias do filósofo Confúcio, já praticavam a mediação como principal meio de solucionar contendas. Confúcio acreditava ser possível construir-se um paraíso na terra, desde que os homens pudessem se entender e resolver pacificamente seus problemas. Para ele existia uma harmonia natural nas questões humanas que não deveria ser desfeita por procedimentos adversariais ou com ajuda unilateral.
> Seu pensamento estabelecia que a melhor e mais justa maneira de consolidar essa paz seria através da persuasão moral e de acordos e nunca através da coerção ou mediante qualquer tipo de poder.
> Ainda hoje o espírito confuciano norteia a maneira como os conflitos são selecionados na China, Existem, espalhados por todo o país, os comitês populares de mediação, encarregados de propiciar o entendimento de partes em conflito, de maneira informal.[11]

Estende-se o uso da mediação em várias culturas e religiões antigas,[12] podendo-se citar a Bíblia, na qual Jesus Cristo é considerado o mediador entre Deus e o homem.[13]

No período da Renascença, A Igreja Católica, na Europa, e a Igreja Ortodoxa, no Leste Mediterrâneo, foram, provavelmente, as principais organizações de mediação e administração de conflitos da sociedade ocidental.[14]

---

[11] SERPA, Maria de Nazareth. **Teoria e prática da mediação de conflitos**. Rio de Janeiro: Lúmen Júris, 1999, p. 67-68.
[12] SERPA, Maria de Nazareth. **Mediação, Alternativa Judiciosa**. Caderno de Estudos Jurídicos. Belo Horizonte, n. 2, p.25-35, jun. 1993. A autora relata que "a mediação como atividade intermediária, no comércio, é de origem antiquíssima. Remonta aos tempos imemoráveis da humanidade, onde um povo que iniciava uma negociação, por mar ou por terra, necessitava de ajuda na penetração e na troca de bens.
[...] De origem na antiguidade, surgiu da aplicação do Código de Hamurabi aos Sumerianos, povo conquistado pelos Babilônios. O Código, dividido em dois capítulos, um para a propriedade e outro para as pessoas e seus litígios, foi compilado entre as leis antigas da Caldéia."
[13] **Bíblia Sagrada**, I Timóteo, 2: 5-6
[14] MOORE, W. Christopher, **O Processo de Mediação –**

Em meados do século XX, a mediação passou a ter importância e reconhecimento, iniciando-se, assim, o crescimento da pesquisa e institucionalização dos órgãos de resolução alternativa de conflitos, principalmente, na América do Norte e em alguns países da Europa.

3 . ASPECTOS GERAIS DA MEDIAÇÃO

Como conceito clássico de mediação, pode-se citar o meio pelo qual as partes, com o auxílio de um mediador, encontram a solução para o problema apresentado, mediante assinatura de um acordo por elas redigido, primando, ainda, pela melhoria da relação interpessoal, ou seja, na função de pacificação social.[15]

Estratégias Práticas para a Resolução de conflitos. Porto Alegre: Artmed, 2ª ed., 1998, p. 32.

[15] GRINOVER, Ada Pellegrini; WATANABE, kazuo; NETO LAGRASTA, Caetano. **Mediação e Gerenciamento do Processo.** São Paulo: Atlas, 2007, p. 3.

Outros conceitos importantes devem ser ressaltados, por exemplo, o de João Baptista de Melo e Souza Neto:

> Mediação é um processo voluntário em que os participantes devem estar dispostos a aceitar a ajuda do interventor se sua função for ajudá-los a lidar com suas diferenças – ou resolvê-las." Ele classifica como um "prolongamento ou aperfeiçoamento do processo de negociação que envolve a interferência de uma aceitável terceira parte, que tem um poder de tomada de decisão limitado ou não-autoritário.[16]

Insta acrescentar os ensinamentos de Áureo Simões Júnior:

> A mediação é uma técnica pela qual, duas ou mais pessoas, em conflito potencial ou real, recorrem a um profissional imparcial, para obterem num curto espaço de tempo e a baixos custos uma solução consensual e amigável, culminando num acordo em que todos ganhem e pode ser utilizada em qualquer tentativa de conciliação [...]. A mediação é uma resposta ao incremento da agressividade e desumanização de nossos

---

[16] SOUZA NETO, João Baptista de Mello e. **Mediação em juízo, abordagem prática para obtenção de um acordo justo**. São Paulo: Atlas, 2000, p. 23.

dias, através de uma nova cultura, em que a solução dos conflitos passa por um facilitador profissional que tenha através das várias técnicas, pela conscientização e pelo diálogo proporcionar uma compreensão do problema e dos reais interesses e assim ajudar as partes a acordarem entre si, sem a imposição de uma decisão por um terceiro, num efetivo exercício de cidadania.[17]

A autora Maria Nazarethtraz aborda o conceito baseado na mediação havardiana:

> A mediação é um processo pacífico de acertos de conflitos, no qual (ao contrário do que se dá na arbitragem) a solução é sugerida e não imposta às partes interessadas. É um procedimento estruturado no qual o mediador assiste os contendores nas suas divergências e busca, através da negociação, um consenso. O conceito de mediação foi desenvolvido na Universidade de Harvard, nos Estados Unidos, com o objetivo de que uma terceira pessoa, neutra e especialmente treinada, pudesse ajudar as partes envolvidas num litígio a chegarem a um acordo favorável a ambas.[18]

---

[17] Op. Cit. FIGUEIRA JUNIOR, Joel Dias. **Manual da Arbitragem**. São Paulo: Revista dos Tribunais, 1997, p. 77.
[18] SERPA, Maria de Nazareth. **Mediação, Alternativa Judiciosa**. Caderno de Estudos Jurídicos. Belo Horizonte, n.

A preservação do relacionamento entre as partes, designadas mediandos ou mediados, representa importante aspecto, uma vez que as mesmas aprendem, através da mediação, a solucionarem seus problemas com maior facilidade.

Na mediação não existe a razão de uma das partes, e sim a possibilidade de identificar o interesse[19] de ambas, que será ressaltado pelo mediador, para que as partes, após identificação dos seus interesses, possam trabalhar nas possibilidades para compor o litígio. Insta salientar que a análise da culpa gera reflexos maiores entre os mediandos. Esta é a fundamentação de Maria Nazareth Serpa ao mencionar mediação no direito de família:

2, p.27, jun. 1993.
[19] WILDE, Zulema D; GAIBRIS, Luis Mauricio. **O que é a Mediação.** Buenos Aires: Abeledo-Perrot, 1994, p. 19. Título original: Que el la Mediacion.A autora estuda o comparativo entre processo judicial e a mediação: "En la médula del processo judicial encontramos absolutamente cristalizados los intereses y las posiciones asumidas por las partes; em la médula de la mediación encontraos la negociación, permanente, continua, hasta lograr el acuerdo."

> No processo de mediação de casais em litígio, atenta-se para os motivos e as eventuais queixas das partes, mas não se cogita em absoluto da determinação da culpa de um deles. Através do levantamento de dados estruturais e do complexo emocional e social da família, buscam-se isto sim, o momento e o espaço convergente para reduzir ao reconhecimento e respeito aquilo que poderia se transformar em direito de coerção, ao invés de justiça.
> [...] A natureza do processo judicial, no mister de qualificar e determinas a culpa, coloca as partes como adversários num campo de batalha, afastando-as cada vez mais dos seus pontos de entendimento. Em direito de família, disputar no contencioso significa eliminar, quase sempre, a possibilidade de diálogo posterior. [20]

Podem utilizar-se deste método pessoas físicas ou jurídicas que estejam envolvidas em conflitos ou litígios referentes a direitos disponíveis e indisponíveis que tenham a necessidade ou desejo de negociá-los, quer com intuito preventivo, quer com intuito de transformação ou de resolução.

4 MEDIAÇÃO NO DIREITO BRASILEIRO

---

[20] Ibidem, p. 27.

Na legislação brasileira, no ano de 1983, foi publicado o Decreto nº. 88.984[21] de 10 de novembro, que instituiu o Serviço Nacional de Mediação e Arbitragem (SNMA), órgão que era vinculado ao Sistema Nacional de Relações do Trabalho do Ministério do Trabalho. Foi uma importante atitude para inserir formalmente a mediação na sociedade, apesar do referido documento ter sido revogado em 1991. Nesta proposta, os mediadores eram selecionados e contratados no regime trabalhista diante de uma verificação da competência do conhecimento da mediação e da legislação trabalhista.

---

[21] CÂMARA DOS DEPUTADOS. **Decreto nº 88.984 de 10 de novembro de 1983**. Cria o Conselho Federal e os Conselhos Regionais de Relações do Trabalho, institui o Sistema Nacional de Relações do Trabalho e dá outras providências. Disponível em: <http://www.camara.gov.br/legin/fed/decret/1980-1987/decreto-88984-10-novembro-1983-438897-publicacaooriginal-1-pe.html>. Acesso em: 18 jul. 2019.

A Constituição da República prevê, em seu preâmbulo, a instituição do Estado Democrático de Direito e, sendo assim, visa:

> [...] assegurar o exercício dos direitos sociais e individuais, a liberdade, a segurança, o bem-estar, o desenvolvimento, a igualdade e a justiça como valores supremos de uma sociedade fraterna, pluralista e sem preconceitos, fundada na harmonia social e comprometida, na ordem interna e internacional. [22]

Portanto, consta expressamente na Ordem Magna a participação de todos no poder-dever em investir na solução pacífica dos conflitos.[23] Diante desse contexto, conforme ensinamentos inseridos na obra de referência dos cursos de mediação

---

[22] BRASIL. **Constituição da República Federativa do Brasil de 1988.** Disponível em: <http://www.planalto.gov.br/ccivil_03/constituicao/ConstituicaoCompilado.htm>. Acesso em: 18 jul. 2019.
[23] VASCONCELOS, Carlos Eduardo de. **Mediação de conflitos e práticas restaurativas.** São Paulo: Método, 2008, p. 48.

judicial, o Manual de Mediação Judicial do Ministério da Justiça:

> A história da Mediação está intimamente ligada ao movimento de acesso à justiça iniciado ainda na década de 70. Nesse período, clamava-se por alterações sistêmicas que fizessem com que o acesso à justiça fosse melhor na perspectiva do próprio jurisdicionado. Um fator que significativamente influenciou esse movimento foi a busca por formas de solução de disputas que auxiliassem na melhoria das relações sociais envolvidas na disputa. Isso porque já existiam mecanismos de resolução de controvérsias (*e.g.* mediação comunitária e mediação trabalhista), quando da publicação dos primeiros trabalhos em acesso à justiça, que apresentavam diversos resultados de sucesso, tanto no que concerne à redução de custos como quanto à reparação de relações sociais.[24]

---

[24] BRASIL. Conselho Nacional de Justiça. **Manual de Mediação Judicial.** André Gomma de Azevedo (Org.). 6 ed. Brasília, DF: CNJ, 2016, p. 28.

Esses foram os primeiros passos da mediação no nosso país. A mediação brasileira sofreu forte influência da Argentina e dos Estados Unidos, pois a literatura disponível era proveniente de autores portenhos e norte-americanos.[25] Até pela proximidade territorial da Argentina justifica-se esta motivação.

No Brasil, a mediação foi efetivamente introduzida mediante fundação do Conselho Nacional das Instituições de Mediação e Arbitragem (CONIMA) em 24 de novembro de 1997. Esse órgão propiciou a edição do Código de Ética dos Mediadores, demonstrando, desde a época, a importância de regulamentar tal profissão na sociedade brasileira. Outra atividade de destaque dessa entidade consiste na organização destes métodos, por meio do Regulamento padrão das instituições, bem como do Regulamento da Mediação e da Arbitragem e a criação do curso de

---

[25] SIX, Jean François. **Dinâmica da Mediação**. Belo Horizonte: Del Rey, 2001, p. 7.

capacitação de mediadores, com o escopo de orientar os usuários das RAD's. Este Conselho permite a consulta a várias instituições brasileiras cadastradas, como forma de apresentar à sociedade um rol de entidades com mais de dois anos de atuação, em que as pessoas possam buscar a referência para a utilização deste tipo de prestação de serviço.

Com isso, afirma-se atualmente que, praticamente, em todos os Estados da Federação, existem instituições que administram os métodos alternativos de disputas, destacando-se as Câmaras vinculadas ao Sistema Federativo das Indústrias e o Instituto de Mediação e Arbitragem do Brasil (IMAB). Há também o rol de instituições que realizam este procedimento no modo virtual.[26]

---

[26] INSTITUTO DE MEDIAÇÃO E ARBITRAGEM DO BRASIL (IMAB). O IMAB é uma entidade civil sem fins econômicos, criada em 1994, com o objetivo de promover a pesquisa, a divulgação e o desenvolvimento técnico e científico dos métodos pacíficos de resolução de conflitos. Disponível em: <http://www.imab-br.net>. Acesso em: 18 jul. 2019.

4.1 Projeto Zulaiê Cobra

No Brasil, tramitou no Congresso Nacional, o Projeto de Lei nº. 4.827 de 1998, que visava regulamentar o instituto da mediação paraprocessual prévia ou incidental, judicial ou extrajudicial, no âmbito dos conflitos de natureza civil de direito disponível e indisponível, que, após homologado pelo magistrado, constituiria título executivo judicial. O projeto que foi alterado pelo substitutivo em 2013[27] considerava o profissional do Direito com pelo menos três anos de experiência apto à função de mediador, que seria designado como auxiliar da justiça, equiparado a funcionário público. Nos conflitos que tratassem sobre Direito de Família, seria obrigatória a presença de profissional com formação nas áreas de psicologia, assistência social ou psiquiatria para exercerem a

---

[27]Brasil. Câmara dos Deputados. **Projeto de Lei nº 4.827-D, DE 1998** Disponível em: <http://imagem.camara.gov.br/Imagem/d/pdf/DCD0020130705001170000.PDF#page=463>. Acesso em 18 jul. 2019.

função do comediador. Como descrito na Lei nº. 9.307 de 1996, Lei de Arbitragem, seguindo o que dispõe aos árbitros, os mediadores e comediadores estariam submetidos aos casos de impedimento previstos nos artigos 144 a 148 do Código de Processo Civil.

Seguindo a característica da mediação modelo clássico, o mediador e o comediador, de acordo com o Projeto de Lei nº. 4.827 de 1998, não poderiam sugerir ou efetuar recomendações aos mediandos acerca do mérito ou aos termos do conflito.

Ainda de acordo com o referido Projeto de 1998, a mediação prévia judicial ou extrajudicial deveria ser realizada no prazo de 90 (noventa) dias, interrompendo, assim, os efeitos da prescrição.

A mediação incidental, assim prevista no referido Projeto de Lei, seria obrigatória no processo de conhecimento, salvo se se tratar de ação de inventário, partilha e retificação de registro público; quando um dos mediandos for pessoa jurídica de direito público e o direito, indisponível;

nas ações de falência, recuperação judicial e insolvência civil, ações de posse, reivindicatória e usucapião de bens imóveis; e, por fim, ação cautelar ou caso as partes tenham optado pela utilização do procedimento arbitral, ou do juizado especial ou pela mediação prévia sem acordo, dentro do prazo de 180 dias anteriores ao ajuizamento da ação.

Os procedimentos de mediação poderiam ser acompanhados pelo advogado com instrumento de mandato.

Caso tenha pedido liminar na exordial, a mediação incidental deveria ser iniciada após a decisão sobre a liminar; mas, sobrevindo recurso em virtude da liminar, a mediação incidental ocorreria, não havendo suspensão em razão deste recurso.

Algumas propostas do Projeto de autoria da Zulaiê Cobra foram consideradas nos substitutivos inseridos na Lei de Mediação, conforme se verá adiante. Daí a relevante contribuição deste Projeto.

4.2 RESOLUÇÃO Nº 125/2010 DO CONSELHO NACIONAL DE JUSTIÇA

O Conselho Nacional de Justiça, por meio da Resolução nº. 125/2010,[28] instituiu a Política de Tratamento Adequado de Conflitos, visando abordar a mediação e conciliação judiciais diante da necessidade de uniformização dos serviços prestados no âmbito do Poder Judiciário, como medida para minorar a crise da justiça. Assim esclarece Nunes:

> De forma pioneira, o Poder Judiciário passou a criar políticas públicas para o tratamento adequado dos conflitos de interesses, a incentivar programas e ações de incentivo à autocomposição de litígios, à criação dos Centros Judiciários de Solução de Conflito e Cidadania (CEJUSCS) e a

---

[28] BRASIL. Conselho Nacional de Justiça. **Resolução nº 125 de 29 de novembro de 2010**. Dispõe sobre a Política Judiciária Nacional de tratamento adequado dos conflitos de interesses no âmbito do Poder Judiciário e dá outras providências. Disponível em: <http://www.cnj.jus.br/busca-atos-adm?documento=2579>. Acesso em: 18 jul. 2019.

disseminar uma cultura do diálogo, da pacificação social e a incentivar os tribunais a se organizarem e planejarem programas de autocomposição.[29]

Esta Resolução marcou o início de uma nova fase da mediação no Brasil, diante da preocupação em efetivar o uso da metodologia. Por meio desta Resolução, os Tribunais destinaram setor organizado de modo específico para concentrar todas as demandas de conciliação e mediação, realizarem as formações de mediadores judiciais e fomentarem a utilização institucionalizada. Com isso, aumentou-se a credibilidade da eficácia da metodologia perante a sociedade.

4.3 A LEI DE MEDIAÇÃO

Foi aprovada, em 26 de junho de 2015, a Lei nº. 13.140,[30] que dispõe sobre a resolução de

---

[29] NUNES, Antônio Carlos Ozório. **Manual de Mediação: guia prático para conciliadores**. São Paulo: Revista dos Tribunais, 2016, p.35.
[30] BRASIL. Presidência da República. **Lei nº 13.140 26 de**

conflitos, mediação judicial e extrajudicial no âmbito da administração da justiça que versem sobre direitos disponíveis ou indisponíveis, no todo ou em parte deles. No caso de o conflito envolver direito indisponível, mas transacionável, será necessária a presença de membro do Ministério Público e homologação do Poder Judiciário.

Solucionado o conflito pela mediação antes da fase de citação do réu, não serão devidas custas judiciais finais.

De acordo com a norma inserida no dispositivo em comento, constituem princípios da mediação a imparcialidade, isonomia, oralidade, informalidade, autonomia das partes, a confidencialidade, boa-fé e a busca pelo consenso.

---

junho de 2015. Dispõe sobre a mediação entre particulares como meio de solução de controvérsias e sobre a autocomposição de conflitos no âmbito da administração pública; altera a Lei nº 9.469, de 10 de julho de 1997, e o Decreto nº 70.235, de 6 de março de 1972; e revoga o § 2º do art. 6º da Lei nº 9.469, de 10 de julho de 1997. Disponível em: <http://www.planalto.gov.br/ccivil_03/_Ato2015-2018/2015/Lei/L13140.htm>. Acesso em: 24 mar. 2019.

A Lei nº. 13.140/15 prevê, em seu artigo 22, a cláusula de mediação nos contratos. Uma vez inserida, essa cláusula deverá mencionar que será obrigatório o comparecimento das partes na primeira reunião de mediação, na qual os mediandos poderão decidir se vão participar ou não das sessões seguintes, em virtude de cláusula compromissória de mediação estipulada em termo obrigacional. Esta primeira reunião constituirá o termo inicial da mediação. Deve-se esclarecer que, mesmo no âmbito judicial ou arbitral, as partes podem, a qualquer momento, solicitar a suspensão do processo para realização de mediação. Havendo consenso entre elas sobre este pedido, a decisão que concedê-lo será irrecorrível. Será suspenso o prazo prescricional durante o andamento do procedimento de mediação.

O Conselho Nacional de Justiça dispõe de um cadastro de mediadores judiciais que atuarão no procedimento de mediação. Incidem sobre os mediadores os casos de impedimento e suspeição, conforme o Código de Processo Civil, sendo equiparados à função de servidor público no aspecto penal. Fica o mediador impedido de assessorar, representar ou patrocinar qualquer das partes por um período de um ano contado da data da última reunião de mediação. Diferentemente da mediação extrajudicial, as partes não têm opção de escolha do mediador que não conste no cadastro do Conselho Nacional de Justiça.

Os profissionais de Direito, advogados ou defensores públicos poderão acompanhar as partes durante todo o procedimento de mediação judicial. Ocorre que, se apenas uma delas estiver acompanhada de procurador, o mediador suspenderá a mediação até que todas estejam devidamente assistidas.[31]

---

[31] Quando da publicação da Lei em comento, percebeu-se a insatisfação de profissionais do Direito que sentiram-se desconfortáveis em participar do procedimento de pré-mediação e serem dispensados logo no início pelo Mediador. Cumpre esclarecer que é facultada a presença da(o) advogada(o) no procedimento, mas a consultoria é essencial para elucidar questões jurídicas e auxiliar as partes na tomada de decisão. Assim, é necessário distinguir os papeis do mediador e da(o) advogada(o), pois cada um tem atuação completamente distinta. É recomendável a presença da(o)

Como determina a Lei de Assistência Judiciária aos Necessitados, Lei nº. 1.060/50,[32] o procedimento de mediação judicial será gratuito aos que não tiverem condições financeiras de arcar com os custos. Ademais, terá a duração máxima de sessenta dias a contar da primeira reunião, sendo possível a prorrogação, se as partes concordarem.

Após a redação do acordo ou da decisão na qual as partes queiram encerrar mesmo sem acordo e assim o procedimento de mediação não mais se justificar, será lavrado o termo final. O Termo de Acordo da Mediação, após assinado pelas partes, constituirá título executivo extrajudicial, devendo

---

advogada(o) no procedimento, desde que não interfira no trabalho de mediação. Recomenda-se ao profissional do Direito uma capacitação em atuação no procedimento de mediação para que possa se qualificar para esta participação e entenda melhor as atitudes e estratégias de atuação do Mediador. Ao Mediador cumpre esclarecer a(o) advogada(o) as questões que envolvem o procedimento e deixar que este profissional decida sobre sua permanência ou não nas reuniões de mediação.

[32] BRASIL. Presidência da República.**Lei nº. 1.060 de 5 de fevereiro de 1950.** Estabelece normas para a concessão de assistência judiciária aos necessitados. Disponível em: http://www.planalto.gov.br/ccivil_03/leis/l1060.htm.Acesso em: 09 jun. 2021.

ser homologado pelo Judiciário para valer como título executivo judicial. Diante da solução do conflito através da mediação judicial, antes da citação do réu, não haverá condenação em custas finais, conforme salientado anteriormente.

Para melhor andamento da mediação extrajudicial, deve-se inserir no contrato a cláusula compromissória de mediação, conforme mencionado, estipulando o local e o prazo para a realização da primeira reunião de mediação, os critérios de escolha do mediador e a penalidade, no caso de não comparecimento da parte convidada à primeira reunião de mediação.

Diante do surgimento do conflito, em face da previsão contratual, uma parte receberá da outra o convite para participar do procedimento. Será considerado rejeitado o convite caso a parte não responda no prazo máximo de trinta dias da data do recebimento. Na omissão de cláusula compromissória contratual, o prazo para a outra parte se manifestar ao convite será de, no mínimo, dez dias e, no máximo, três meses, contatos do recebimento da carta. Neste momento, também é facultada à parte a escolha do mediador, dentre o rol de cinco mediadores cadastrados na instituição. Caso não manifeste pela escolha do profissional, será considerado apto o primeiro da lista. A lei ainda determina, em seu artigo 22, que, diante da negativa em participar do procedimento extrajudicial de mediação, fica a parte que não aceitar o convite já ciente do pagamento de cinquenta por cento das custas e honorários sucumbências da mediação, caso venha a ser vencedora em procedimento arbitral ou judicial posterior, que envolva o objeto da mediação para a qual foi convidada.

Mesmo sem previsão contratual, as partes podem escolher uma entidade idônea prestadora de serviço de mediação. É importante lembrar que, nos Tribunais de Justiça dos Estados e no CONIMA, há um rol de instituições cadastradas aptas à resolução dos conflitos.

A Lei 13.140/15 normatizou matéria sobre a mediação nos conflitos em que a Administração

Pública for parte. Autorizou a instauração de câmaras de prevenção e resolução administrativa de conflitos nos órgãos da Advocacia Pública, com o objetivo de resolver litígios entre órgãos e entidades da administração pública, entre estes e particulares, mediações coletivas de conflitos relacionados à prestação de serviço público, bem como para celebrar o termo de ajustamento de conduta. Cumpre acrescentar que, desde o ano de 2001, através dos contratos da Agência Nacional de Energia Elétrica (ANAEL), já havia a possibilidade de inserir a mediação nos contratos públicos.

Como na mediação privada, a instauração de procedimentos de mediação pública suspende a prescrição. O termo de acordo constituirá título executivo extrajudicial. Ressalta-se que, neste caso, a prescrição é normatizada conforme determina o Código Nacional Tributário.

Há, também, a possibilidade de mediação na Administração Federal, suas Autarquias e Fundações, desde que devidamente autorizada pelo

Advogado-Geral da União. Trata-se de mediação por adesão.

A mediação por adesão seguirá os requisitos e condições determinados por meio de resolução administrativa, comprovados por aqueles que dela quiserem participar.

A manifestação da vontade em participar de mediação por adesão implica renúncia ao direito sobre o qual se funda a ação ou recurso que venha a surgir, tanto no âmbito do processo administrativo, como no judicial. Acrescenta-se que não haverá interrupção, suspensão ou renúncia tácita à prescrição.

Não celebrado o acordo prévio pelas partes, caberá à Advocacia-Geral da União realizar a composição extrajudicial do conflito conforme a legislação.

A Lei nº. 13.140/15 autoriza, por fim, a resolução de conflitos por meio de mediações comunitárias e escolares. Nestes ambientes a mediação representou significativo resultado pedagógico, inserindo projetos em que se possibilitou o aprendizado da comunidade a uma escuta sensível, promoção de diálogos colaborativos e soluções construídas com a contribuição de todos.

Portanto, percebe-se que se tem envidado esforços no Direito Brasileiro nas últimas décadas para inserir, na vida do cidadão, a cultura da paz, da tolerância e da potencialização da autonomia e aprendizado das habilidades de saberes, pela utilização efetiva da mediação judicial e extrajudicial.

4.4 O CÓDIGO DE PROCESSO CIVIL

A Lei nº. 13.105 de 16 de março de 2015,[33] na Seção V, trata, em dez artigos, dos procedimentos de conciliação e mediação judiciais, adotando, assim, o sistema multiportas.[34] Esta legislação veio consolidar a perspectiva do Conselho Nacional de Justiça de disseminar a autocomposição como forma de buscar uma alternativa viável à crise do Judiciário, bem como auxiliar o cidadão a ter uma vida mais serena e equilibrada. Assim, Nunes conclui:

> O Código de Processo Civil (CPC) revê as formas de se lidar com o conflito. Reconhece as dificuldades históricas dos meios adversariais e a resolução de conflitos pela via processual com

---

[33] BRASIL. Presidência da República. **Lei nº 13.105 de 16 de março de 2015**. Código de Processo Civil. Disponível em: <http://www.planalto.gov.br/ccivil_03/_ato2015-2018/2015/lei/l13105.htm>. Acesso em: 24 mar. 2019.

[34] NUNES, Antônio Carlos Ozório. **Manual de Mediação: guia prático para conciliadores**. São Paulo: Revista dos Tribunais, 2016, p.49.

a sua pacificação através da sentença. Coloca em destaque as formas consensuais, do diálogo processual, do negócio jurídico processual, da cooperação e das formas autocompositivas. Enquanto o CPC anterior não falava em autocomposição o novo menciona a palavra pelo menos vinte vezes ao longo do seu texto. [35]

De acordo com o Código de Processo Civil, os Centros Judiciários de Solução de Conflitos e Cidadania - Cejuscs são responsáveis pela organização dos procedimentos de conciliação e mediação judiciais. Para tanto, cada Tribunal do Poder Judiciário dispõe de um setor departamental.

Como principiologia comum aos procedimentos autocompositivos, o ordenamento ressalta a independência, imparcialidade, autonomia da vontade, a confidencialidade, oralidade, informalidade e a decisão informada. Deve-se destacar que esses princípios e o Cadastro Nacional de Mediadores e de instituições já

---

[35] Idem, p. 35.

estavam presentes na Resolução nº 125 do Conselho Nacional de Justiça (CNJ), reforçando, sobretudo, a ideologia do Judiciário. Deve-se, também, esclarecer que as partes poderão escolher livremente o terceiro interveniente ou instituição que atuará no procedimento, seja integrante do Cadastro Nacional ou não. É importante ressaltar que os acordos das mediações realizadas nas instituições devidamente cadastradas serão homologados diretamente no Judiciário. As questões sobre impedimento e suspeição, a não atuação do mediador em processos que envolvam o caso e as partes, no decorrer de um ano a contar do término do procedimento, previstas na Resolução nº 125 do CNJ, também estão normatizadas neste ordenamento.

No Código de Processo Civil, como na Lei nº. 13.140/15, foi inserida a possibilidade de utilização dos meios autocompositivos no âmbito da Administração Pública Direta da União, Estados, Distrito Federal e Municípios, acrescentando a possibilidade da utilização do Termo de Ajustamento de Conduta.

4.5 LEI DE FALÊNCIA E RECUPERAÇÃO DE EMPRESAS

A Lei nº. 14.112 de 24 de dezembro de 2020 alterou a Lei 11.101/2005, que regula a recuperação judicial, a extrajudicial e a falência do empresário e da sociedade empresária para introduzir, nos artigos 20-A, B, C e D, a mediação antecedente ou incidental. Nesse sentido, inobstante a possibilidade de ser utilizada em qualquer etapa processual, a mediação deverá ser utilizada:

> I - nas fases pré-processual e processual de disputas entre os sócios e acionistas de sociedade em dificuldade ou em recuperação judicial, bem como nos litígios que envolverem credores não sujeitos à recuperação judicial, nos termos dos §§ 3º e 4º do art. 49 desta Lei, ou credores extraconcursais;
> II - em conflitos que envolverem

concessionárias ou permissionárias de serviços públicos em recuperação judicial e órgãos reguladores ou entes públicos municipais, distritais, estaduais ou federais; III - na hipótese de haver créditos extraconcursais contra empresas em recuperação judicial durante período de vigência de estado de calamidade pública, a fim de permitir a continuidade da prestação de serviços essenciais; IV - na hipótese de negociação de dívidas e respectivas formas de pagamento entre a empresa em dificuldade e seus credores, em caráter antecedente ao ajuizamento de pedido de recuperação judicial. [36]

A mediação suspende as execuções contra do devedor pelo prazo de 60 dias, a fim de se possibilitar a composição do acordo de mediação. É importante ressaltar que, como na Lei de Mediação, nos processos de Recuperação e

---

[36] BRASIL. Presidência da República. **Lei nº. 14.112 de 24 de dezembro de 2020**. Disponível em: < http://www.planalto.gov.br/ccivil_03/_Ato2019-2022/2020/Lei/L14112.htm#art2>. Acesso em: 16 fev. 2021.

Falência, é possível a utilização de procedimento virtual.

O Código Comercial de 1850 previa a utilização de meios alternativos de resolução de conflitos diante da importância da atividade empresária no contexto econômico-financeiro e social, e que tem, por consequência, a circulação de riquezas e geração de empregos. Quando se encerra a atividade empresária, os reflexos incidem também nas atividades do entorno, na comunidade local e até mesmo na saúde emocional dos cidadãos. Assim, permitir o procedimento de mediação visando ao 'respiro' da sociedade e à composição de relações que muitas vezes se manterão ao longo dos anos é recuperar a dignidade e restabelecer vínculos de confiança. A alteração realizada na Lei 11.101/2005 representa um benefício enorme para o país.

4.6 Resolução nº 271/2018 do Conselho Nacional de Justiça

Outro ponto que deve ser ressaltado trata da remuneração do mediador. Cumpre destacar que é necessário refletir sobre a valorização do profissional que atua na mediação, por meio de uma remuneração justa. Há décadas esta atividade está atrelada ao trabalho voluntário e agora é o momento de mudar os paradigmas e entender que mediador se trata de uma profissão equiparada à de servidor público. Deve-se esclarecer que, durante um longo período, tentou-se apresentar e inserir a mediação como procedimento diferenciado de resolução de conflitos na vida do brasileiro. Até então, tratava-se de uma conduta de cunho educacional, mas, após a publicação das legislações que determinam a utilização como metodologia judicial, tem-se o marco da profissionalização do mediador. Assim, o CNJ, por meio da Resolução 271 publicada em 11 de dezembro de 2018,[37] assegura parâmetros de remuneração aos conciliadores e mediadores judiciais, com base em tabela de sugestão que fixa valores para atuação de nível básico, intermediário, avançado e extraordinário. Com isso, passa-se a evitar a proliferação de leilões e, consequentemente, da concorrência desleal entre as Câmaras e, dessa forma, consegue-se agregar a sociedade e buscar uma união de esforços.

O objetivo desta Resolução foi normatizar a remuneração dos mediadores e conciliadores judiciais, visando atender preceitos contidos no Código de Processo Civil e na Lei de Mediação, ambos normativos publicados em 2015.

Assim, verifica-se que, após o ano de 2010, por meio das Resoluções nº's. 125 e 271, ambas do Conselho Nacional de Justiça (CNJ), do Novo Código de Processo Civil e da Lei de Mediação,

---

[37] BRASIL. Conselho Nacional de Justiça. **Resolução nº 271 de 11 de dezembro de 2018.** Dispõe sobre os parâmetros de remuneração a ser pago aos conciliadores e mediadores judiciais. Disponível em: <http://www.cnj.jus.br/busca-atos-adm?documento=2579>. Acesso em: 28 fev. 2019.

houve uma sensível alteração da legislação brasileira, no sentido de fomentar a utilização da autocomposição nos conflitos surgidos no país.

Portanto, percebe-se o crescimento da utilização da mediação como método de resolução de conflitos no Direito Brasileiro.

5 MEDIAÇÃO NO DIREITO COMPARADO

5.1 Mediação na República Argentina

Na América Latina, a Argentina teve importante papel na pesquisa e inserção da mediação no Poder Judiciário. Neste país, a mediação é obrigatória, de acordo com a Lei nº 24.573/96.[38] Não poderá participar da mediação

---

[38]PORTAL DE ADVOGADOS. Disponível em: www.portaldeabogados.com.ar/portal/index.php/leyes/54-leyesnacion/184-24573-mediacion-conciliacion.
Acesso em: 20 jul. 2020. Título original: Portal de Abogados.

obrigatória ação cujo objeto do litígio envolva o Direito Penal, Direito Administrativo, Direito do Trabalho, Direito da Personalidade, Direito de Família - salvo questões patrimoniais -, Direito Sucessório, medidas cautelares e habeas corpus. A mediação constituirá faculdade nas ações de execução e de despejo e deverá ser realizada no prazo de 30 dias, podendo ser prorrogada por igual período.

    O processo de mediação prévia judicial contará com a participação de profissionais cadastrados no Ministério da Justiça da Nação. Poderão fazer parte deste cadastro advogados capacitados pelos institutos de mediação existentes na Argentina. O mediador, ao atuar no procedimento, ficará impedido de advogar para as partes no período de 1(um) ano.

    A remuneração financeira do mediador será de responsabilidade das partes diante da realização do acordo. Caso contrário, os honorários serão pagos pelo "fundo de financiamento de acordo". O Ministro da Justiça da Nação poderá estabelecer uma remuneração para o mediador que se destacar pela dedicação e eficiência no trabalho realizado.

O processo na Argentina consiste inicialmente na provocação da parte perante a "mesa geral de recepção de expedientes", assim denominado o órgão que designará o mediador no prazo de três dias, e este, por sua vez, deverá, em dez dias, determinar a data da primeira audiência e providenciar a intimação das partes.

Haverá um encontro entre o mediador e as partes antes da audiência com o escopo das mesmas apresentarem as questões que envolvem o conflito.

O procedimento deverá ser realizado no prazo de 60 (sessenta) dias a partir da última notificação recebida pelo requerido ou pelo terceiro envolvido no caso, podendo ser prorrogado por igual período.

O não comparecimento das partes ao procedimento de mediação acarretará multa equivalente ao dobro do que constar na remuneração do mediador.

Todo o procedimento deverá ocorrer em segredo de justiça, cabendo ao mediador zelar pela confiança das partes. O atendimento em separado é permitido, mas não poderá o mediador mencionar à outra o que foi relatado por uma das partes. O mediador deverá estar atento no desenvolvimento dos trabalhos para manter a imparcialidade.

O acordo da mediação poderá ser executado como título judicial conforme as normas insertas no Código de Processo Civil e Comercial.

Caso o procedimento não resulte em acordo, as partes receberão cópia da ata, estando aptas, assim, a propor a ação judicial. A ata do procedimento de mediação deverá ser anexada à petição inicial.

Caberá ao mediador comunicar o acordo realizado como resultado do procedimento para o Ministério da Justiça da Nação com o escopo de contribuir para análise estatística.

Ocorrerá a suspensão da prescrição durante o trâmite do procedimento de mediação.

Em linhas gerais, essas são as normativas inseridas na Lei nº 24.573/96.

5.2 MEDIAÇÃO NOS ESTADOS UNIDOS

Nos Estados Unidos, a mediação surgiu como resposta à tradicional lentidão e ao alto custo dos processos.[39] A utilização da mediação cresceu significativamente, de modo rápido, nos Estados Unidos. O primeiro setor em que foi formalmente instituída foi o das relações trabalhistas.

Em 1913, o *U.S. Departament of labor* e um grupo – os "comissários da conciliação" – foram indicados para tratar dos conflitos entre empregados e patrões. Esse grupo posteriormente veio a se tornar o *United States Conciliacion Service* e, em 1947, foi reconstituído como o

---

[39] WILDE, Zulema D; GAIBRIS, Luis Mauricio. **Que el la Mediacion**. Buenos Aires: Abeledo-Perrot, 1994, p. 13.

Federal Mediation and Conciliacion Service. A razão para iniciar os procedimentos de mediação no setor industrial era promover uma "paz industrial, profunda e estável" e "o acordo de questões entre patrão e empregados, por meio da negociação coletiva" (*Labor-Management Relations Act, 1974)*. Esperava-se que os acordos mediados pudessem evitar greves e paralisações dispendiosas e que melhorassem a segurança, o bem-estar e a prosperidade dos americanos.

O uso da mediação pela esfera federal nas disputas trabalhistas proporcionou um modelo para muitos estados. Vários aprovaram leis, desenvolveram regulamentos e treinaram um quadro de mediadores para lidar com conflitos trabalhistas intraestaduais. [40]

A cultura norte-americana que inseriu as RAD's concedeu tratamento diferenciado ao litígio. Primeiramente, propõe-se a negociação; se não

---

[40] MOORE W. Christopher, **O Processo de Mediação – Estratégias Práticas para a Resolução de conflitos**. Porto Alegre: Artmed, 2ª ed., 1998, p. 38.

obtido sucesso, passa-se para a conciliação; se não houver acordo, para a mediação; se, contudo, permanecer invicto o conflito, utiliza-se a arbitragem; não havendo sucesso, encaminha-se para o "juiz de aluguel", que é aquele aposentado pelo Poder Público, mas que possui forte atuação na sociedade. Finalmente, se este não conseguir compor o litígio, aí sim as partes podem recorrer à Justiça Pública. Percebe-se que a cultura norte-americana consiste em direcionar a demanda para os métodos extrajudiciais de resolução de conflitos, tendo em vista o pleno benefício advindo das RAD's.

A *"American Arbitration Associacion"* é uma entidade sem fins lucrativos, fundada em 1926 voltada para os trabalhos de arbitragem e mediação. Atendendo às inovações tecnológicas, foi desenvolvida a mediação on-line através de *"chats"* diante de conflitos entre duas partes, sendo que o valor da demanda não pode ultrapassar U$10.000,00 (dez mil dólares).[41]

5.3 MEDIAÇÃO NA FRANÇA

Neste país há presença da mediação individual ou coletiva, sendo ela realizada por profissionais escolhidos pelos mediandos ou mesmo pela autoridade pública após consulta ao quadro de mediadores dos sindicatos.[42] Podem ser objetos de mediação quaisquer conflitos, devendo-se ter sempre em mente as regras do ordenamento legal francês para redação do acordo.

Em 8 de fevereiro de 1995, foi publicada a lei francesa nº 95/128, introduzindo dispositivo no ordenamento Processual Cível para prever a mediação judicial. Esse procedimento poderá ser realizado a qualquer tempo processual. Nesse caso, diante de divergência das partes sobre os honorários do mediador e o tempo de duração do

---

[41] ASSOCIAÇÃO AMERICANA DE ARBITRAGEM.. Disponível em: <www.adr.org> . Acesso em: 20 jul. 2019. Título original: American Arbitration Association.
[42] MOORE W. Christopher, **O Processo de Mediação – Estratégias Práticas para a Resolução de conflitos**. Porto Alegre: Artmed, 2ª ed., 1998, p. 87.

procedimento, esses aspectos deverão ser fixados pelo magistrado. O sigilo constitui uma das obrigações do mediador.[43]

Na França não há um órgão governamental específico para regulamentar a mediação, e sim vários centros que buscam tratar do tema. Insta citar a Federação Nacional de Mediação Familiar - **Fédération Nationale des Associations de Médiation Familiales** e Federação Nacional dos Centros Centro de Mediação - **Fédération Nationale des Centres de Médiation.**[44]

No ano de 2012, em 20 de janeiro, foi publicado o Decreto n.º 2012-66, inserindo Livro V no Código de Processo Francês para regulamentar a mediação convencional.[45]

---

[43] Idem, p 87.
[44] FEDERAÇÃO NACIONAL DE CENTROS DE MEDIAÇÕES. Disponível em: <https://e-justice.europa.eu/content_mediation_in_member_states-64-fr-pt.do>. Acesso em: 20 jul. 2019. Título original: Féderation Nationale des Centres de Médiation,
[45] PORTAL EUROPEU DA JUSTIÇA. Disponível em: <https://e-justice.europa.eu/content_mediation_in_member_states-64-fr-pt.do> . Acesso em: 20 jul. 2019.

5.4 Mediação em Portugal

Em Portugal, no dia 29 de abril de 2016, foi publicada a lei nº. 29, que regulamenta a mediação.[46] O procedimento da mediação deverá ser voluntário, havendo possibilidade de as partes desistirem a qualquer momento, sem ônus. Poderá ser préjudicial, realizada, também, pelos sistemas públicos de mediação.

Poderá constituir objeto de mediação o conflito que envolva matéria de Direito Civil e Comercial de direito patrimonial e não-patrimonial, desde que as partes tenham capacidade para transacionar sobre o referido direito. Caberá no âmbito trabalhista se compatível com o Código do Trabalho. Serão excluídos do procedimento de

---

[46] INSTITUTO DE MEDIAÇÃO E ABBITRAGEM DE PORTUGAL. Disponível em: <http://imap.pt/imapwp/wp-content/uploads/2013/04/lei_n_o_29_2013_mediacao_conflitos_mediador_procedimento.pdf>; Acesso em: 19 nov. 2013.

mediação conteúdos que versem sobre Direito de Família e Direito Penal.

Cabe ao mediador atuar em obediência ao princípio da confidencialidade, devendo manter sigilo sobre todo o procedimento, bem como sobre a manifestação de qualquer das partes. O sigilo poderá ser ultrapassado por questão de ordem pública. O mediador também deverá atuar com independência neste procedimento, prerrogativa essa similar ao do magistrado.

O mediador deverá obter a qualificação necessária através de cursos de formação de mediadores para estar apto a trabalhar neste tipo de procedimento. Essa prerrogativa é obrigatória. A lei regulamenta os direitos e deveres do mediados, entre eles, o dever de o mediador não proferir opinião sobre o conflito e o direto de ser remunerado. A atuação do terceiro interveniente está sujeita à análise de independência, imparcialidade e isenção.

Os princípios da igualdade e da imparcialidade também estão presentes na mediação em Portugal.

A mediação poderá ser estabelecida no contrato, previamente ao conflito, através de convenção de mediação. Caso seja proposta, no Poder Judiciário, ação com o escopo de solucionar matéria constante no contrato, esse processo deverá ser suspenso e remetido para a mediação.

O acordo resultante da mediação, se realizado pelas partes devidamente capazes, sem violação à ordem pública, por meio de mediador devidamente inscrito nos quadros do Ministério da Justiça, constituirá título executivo judicial desde que realizada pelo Sistema Público de Mediação; e se, no Sistema Privado, deverá ser requerida a homologação do mesmo. Desde que obedecidos estes requisitos expostos, os acordos proferidos em mediações realizadas em países da União Europeia também constituirão título executivo.

O procedimento de mediação suspende os prazos de decadência e prescrição.

Assim, esta é a regulamentação inserida na legislação portuguesa com o escopo de possibilitar mediação judicial e extrajudicial.

Várias são as instituições em Portugal que trabalham com mediação. Cumpre destacar a Associação de Mediadores de Conflitos com sede em Lisboa fundada em 2002.[47] Essa instituição, que tem como objetivo também a divulgação da mediação, atua nas áreas de Direito Penal, Cível, Trabalhista, Ambiental, Comercial, Público e nos conflitos envolvendo saúde e comunidades.

---

[47] ASSOCIAÇÃO DE MEDIADORES DE CONFLITOS. Disponível em:< https://mediadoresdeconflitos.pt/sobre-a-amc/>. Acesso em 16 fev. 2021.

6 MODALIDADES DA MEDIAÇÃO

Várias são as modalidades de mediação que podem ser utilizadas. A classificação mais usual é a que distingue o procedimento de mediação judicial e extrajudicial, com previsão, inclusive, no Brasil.

Há outra classificação que analisa estratégias de atuação do terceiro interveniente no procedimento. Assim, pode-se distinguir a Mediação Tradicional-Linear de Harvard ou Mediação Harvardiana ou, ainda, Facilitativa[48] ou Facilitadora, Mediação Transformativa de Bush e Folger e a Mediação Circular-Narrativa de Sara Cobb e, por fim, a Avaliativa.

---

[48] NUNES, Antônio Carlos Ozório. **Manual de Mediação: guia prático para conciliadores.** São Paulo: Editora Revista dos Tribunais, 2016, p.53.

6.1 Mediação Tradicional-Linear de Harvard

Este modo de resolução adveio da metodologia de negociação estudada em Harvard. Os doutrinadores norte-americanos distinguiram dois procedimentos de negociação: Método Boxeador ou Áspero e Método Baseado em Princípios.[49] No Boxeador, a meta é atingir o adversário diante da imposição dos termos do acordo pela parte que pretende sair vencedora a qualquer preço. Para isso, pensa-se em derrotar o opositor. Só é permitido que uma parte saia vencedora. O conflito transcende ao âmbito pessoal, diante da antipatia, animosidade gerada entre as partes. Há uma latente desconfiança. Nesse contexto, percebe-se a enorme contraposição entre as pessoas, em que se forma um verdadeiro "cabo de guerra". De acordo com essa analogia, as partes

---

[49] FISHER, Roger; URY, Willian; PATTON, Bruce. **Como chegar ao sim: negociação de acordos sem concessões**. Tradução de Vera Ribeiro e Ana Lúcia Borges.2 ed. Rio de Janeiro: Imago, 1994, p. 26. Título original: Getting to Yes: negociating agreement without giving in.

se posicionam como se estivessem em um ringue, onde as luvas de boxe encontram-se oferecendo resistência, até que uma delas ceda e acabe caindo e perdendo. Diante dessa análise, os doutrinadores de Harvard perceberam que as partes tinham emoções fortes que se misturavam com o próprio objetivo da disputa, com a posição inserida como bandeira de defesa da parte. Não se chegava a uma conclusão lógica e aceitável de compreensão de como e o que estava sendo realizado. Assim, a metodologia desenvolvida foi a negociação baseada em princípios:

> No Projeto de Negociação de Harvard, vimos elaborando uma alternativa à barganha de posições: um método de negociação explicitamente destinado a produzir resultados sensatos, eficiente e amigavelmente. Esse método chamado negociação baseada em princípios ou negociação de méritos pode ser resumido em quatro pontos fundamentais: [...] separe as pessoas dos problemas; concentre-se nos interesses, não nas posições; crie uma variedade de possibilidades antes de decidir

> o que fazer; insista em que o resultado tenha por base algum padrão objetivo.⁵⁰

Com isso, passou-se a explorar essa metodologia nestes quatro pontos principais: pessoas, interesses, opções e critérios.

Como na barganha de posições a meta era derrotar o opositor, com foco no critério subjetivo, na negociação baseada em princípios, há uma nítida e necessária separação entre figurantes e o objeto do conflito. A cordialidade deve sobressair, com o intuito de haver uma continuidade nas relações. As pessoas devem aprender a lidar com as diferenças pessoais no momento da desavença. Nessa conduta será mais fácil e menos desgastante resolver a controvérsia com a outra pessoa.

Os doutrinadores de Harvard, através da Pirâmide posição, interesse e necessidade (PIN), identificaram esses componentes inseridos no

---

⁵⁰ Idem p. 28.

pensar, nas emoções e no querer do ser humano. A posição apresenta-se na afirmativa ou negativa da questão, por exemplo: quero sair, quero ficar; não quero dirigir, quero dirigir. Ou seja, é a vontade expressa do desejo humano. A partir dessa posição, pode-se analisar o interesse. Qual é a justificativa para a pessoa apresentar aquela posição: por que ela quer sair; por que ela quer ficar; por que ela quer dirigir; por que ela não quer dirigir. Cita-se, por exemplo, que ela quer sair (posição) por estar incomodada com o cheiro da flor que se espalhou na sala. Tem-se a posição de querer sair e o interesse do cheiro da flor estar lhe causando alergia. A necessidade está na busca do bem-estar da pessoa, o que ela quer atingir com a justificativa. No caso em tela, a pessoa quer sair (posição) porque está alérgica (interesse), para atingir o seu bem-estar, sua saúde plena (necessidade). Nessa pirâmide PIN, a base é a necessidade, em seguida, o interesse e, no topo, a posição, sendo o que menos interessa na negociação de mérito, o que menos será trabalhado, e sim apenas mencionado.

Após identificação da posição e do interesse, parte-se para a criação máxima de possibilidades. Não há limite para essa etapa, visto que se pode até mesmo partir da análise de uma sugestão ilegal para trabalhá-la e alterá-la em uma opção legal. As variáveis devem ser apresentadas por todas as partes, analisando o interesse de ambas para a composição de um acordo justo e igualitário. O critério para a escolha da melhor opção deve ser baseado em aspectos objetivos, esquecendo-se de quem é o opositor, desvinculando-se do aspecto pessoal.

Partindo-se dessa metodologia de negociação, baseada em princípios, surge a mediação harvardiana, ou seja, a resolução de conflitos na qual há uma análise sobre a posição, o interesse e a necessidade das partes para esclarecimentos aos mediandos, fazendo-os compreender a origem do conflito e qual caminho deverá ser seguido em busca da construção da solução. A função do mediador é fazer perguntas abertas, com a intenção de explorar sentimentos e atitudes, esclarecer pontos controversos e obscuros. Com isso, tem-se condição de fomentar a criação de opções pelos mediandos, visto que se parte do princípio de que dúvidas foram esclarecidas e sentimentos, legitimados. Dessa maneira, os mediandos têm possibilidades de seguir para a criação de opções variadas, e, assim, encontrar a melhor solução. Nunes explica que:

> Neste modelo, depois dos relatos e das partes expressarem as suas emoções, o papel do mediador será validá-las, ou seja, reconhecê-las como legítimas, criar um contexto favorável ao diálogo e à construção do acordo. Ela trabalha mais o foco colaborativo para gerar opções mútuas, com critérios objetivos, e não se preocupa essencialmente em modificar o fator relacional das partes envolvidas.[51]

Legitimar as emoções significa reconhecer as percepções, mas não as razões. Assim, todos terão compreendido o que realmente ocorreu para

---

[51] NUNES, Antônio Carlos Ozório. **Manual de Mediação: guia prático para conciliadores.** São Paulo: Editora Revista dos Tribunais, 2016, p.54

iniciar a etapa colaborativa. Por isso, é importante trabalhar com princípio, e não mais na base da barganha e do método áspero.

6.2 Modelo Transformativo

Esta metodologia foi desenvolvida por Robert Bush e Joseph Folger no contexto de trabalhar as partes em separado.

Folger, um dos autores da metodologia, explicou que, em face das necessidades das pessoas em se comunicarem, procedeu o desenvolvimento desta técnica, em que as partes são atendidas separadamente e todo o conflito e relacionamento são explorados entre mediando e mediador. Após essa fase, ocorre o encaminhamento para a solução, em que o terceiro apresenta sugestões sobre a possibilidade de acordo. Folger entende que o momento no qual a parte pode expor tudo que está no seu íntimo apenas para uma pessoa constitui elemento facilitador para ela se sentir satisfeita por ter colocado o seu entender e por ter sido escutada por alguém. Nunes apresenta esclarecimentos sobre este procedimento:

> Tem o foco na transformação das relações entre as partes envolvidas, cujo processo pressupõe o empoderamento dessas e o reconhecimento do coprotagonismo do outro, com vistas à autonomia, autossegurança e autodeterminação.
> Essa modalidade trabalha fortemente a parte relacional com vistas ao futuro e por isso tem sido recomendada e utilizada em situações de conflitos nas quais as relações interpessoais possuem continuidade no tempo, como nas relações familiares, escolares, de vizinhança, de trabalho, entre outras.[52]

Assim, por meio do atendimento em separado, Folger entende que pode zelar pela relação entre as partes e realizar a atividade de escuta com o objetivo de compreender o conflito e sugerir, auxiliando as partes, ao final, a chegarem ao acordo já trabalhado individualmente.

---

[52] Idem, p.54.

Dois são os principais objetivos da mediação transformativa: empoderamento das partes e conhecimento dos interesses e necessidades um do outro. Com isso, busca-se o resultado através da visão aberta dos mediandos, corroborada pela responsabilização no resultado obtido, o que gerará aprendizado para questões futuras.

6.3 Modelo Circular-Narrativo ou Narrativo Circular

Esta metodologia foi desenvolvida para trabalhar principalmente conflitos envolvendo o direito de família, tendo em vista o caráter terapêutico que possui. Visa tratar o conflito de forma a sanar toda a falta de comunicação ou comunicação realizada de forma equivocada pelas partes. A autora dessa metodologia é a americana Sara Coob. Para Nunes:

> [...] este modelo visa promover a reflexão, mudando o significado das histórias e legitima a integração das pessoas através do

> processo de comunicação. É um modelo de construção do diálogo que busca o protagonismo das partes e a participação de todos.[53]

Com isso, percebe-se que esse modelo valoriza a comunicação e, por meio dela, sana as diferenças em prol da formulação de um acordo que tenha o olhar estritamente para o futuro, selando o passado.

6.4 MEDIAÇÃO AVALIATIVA

Esta tipologia iniciou-se nos Estados Unidos, nos anos de 1980, quando alguns mediadores introduziram a função do mediador-avaliador no procedimento, visando prestar esclarecimentos às partes sobre aspectos legais que envolvem o litígio.[54] Essa metodologia diverge das

---

[53] Idem, p.54.
[54] BRIQUET, Enia Cecília. **Manual de Mediação – teoria e prática na formação do mediador**. Petrópolis, RJ: Vozes. 2016, p. 154.

demais neste contexto: prestar esclarecimentos aos mediandos sobre conteúdo jurídico, uma consultoria. Para tanto, o mediador deve ter bastante conhecimento jurídico sobre o conteúdo objeto do litígio. Nesse aspecto, a mediação avaliativa aproxima-se da arbitragem.

Portanto, essas são as modalidades de mediação disponíveis para que os mediadores possam escolher a que melhor se adeque à legislação e ao caso concreto.

6.5 Justiça Restaurativa

É importante esclarecer que a Justiça Restaurativa não é classificada como modalidade de mediação. Essa metodologia abrange várias possibilidades, como a construção de projetos, desenvolvimento de diálogos em vários contextos e para gerar conexões entre pessoas; aqui será inserida para explicar a resolução de conflitos. Pode ser utilizada em comunidades ou grupo de pessoas que se sentem atingidas, incomodadas com o alcance do conflito ou com os reflexos ou consequências do ocorrido. Tem-se usualmente a Justiça Restaurativa para resolução de conflitos envolvendo crimes, entidades familiares, escolas e comunidades em que vivem ou convivem rotineiramente inúmeras pessoas. Seu benefício primordial é inserir os valores que envolvem as pessoas para que possam gerar pertencimento ao grupo, refletir e assumir as consequências do ato ou fato realizado. Para Howard Zehr

> O movimento de Justiça Restaurativa começou como um esforço de repensar as necessidades que o crime gera e os papéis inerentes ao ato lesivo. Os defensores da Justiça Restaurativa examinaram as necessidades que não estavam sendo atendidas pelo processo legal corrente. Observaram também que é por demais restritiva a visão prevalente de quais são os legítimos participantes ou detentores de interesse no processo judicial.
> A Justiça Restaurativa amplia o círculo dos interessados no processo (aqueles que foram afetados ou têm uma posição e relação ao evento ou ao caso) pra além do Estado e do ofensor,

incluindo também as vítimas e os membros da comunidade.[55]

O procedimento da Justiça Restaurativa é realizado, em grande parte, pelos Processos Circulares, de autoria da Kay Pranis.[56] Nesse método, todos os participantes se acomodam no formato geométrico de círculos. No centro do círculo, é importante inserir elementos, objetos que representam uma certa afetividade, um significado a um ou mais membros do grupo. Pode-se escolher, entre os objetos do centro, qual será utilizado como objeto ou *token* da fala. Assim só terá o direito de voz quem estiver com o *token* nas mãos, pois, dessa maneira, um fala e todos escutam. O facilitador conduz o círculo por meio de perguntas que possam, primeiro, realizar apresentações pessoais para a melhor acolhida do grupo e, depois, os presentes vão definindo os valores e diretrizes que

[55] ZEHR, Howard. **Justiça Restaurativa.** tradução Tônia Van Acker. São Paulo:Palas Athena, 2012, p. 24.
[56] PRANIS, Kay. **Processos circulares.** São Paulo:Palas Athena, 2010.

permearão o procedimento. Feito isso, parte-se para questionamentos que possibilitem aos participantes o diálogo sobre o que ocorreu, o dano causado, as necessidades de cada um diante do dano e as possibilidades de resolução do conflito. Assim, cada participante tem possibilidade de se manifestar, de demonstrar insatisfações e desejos que possam ser atendidos. Há escuta sensível e ativa e o exercício da empatia de forma a perceber o outro como semelhante. É em virtude dessas abordagens e possibilidades que a Justiça Restaurativa se destina a grupo de pessoas.

No Brasil, tem-se aplicado a Justiça Restaurativa no âmbito criminal com excelentes resultados. Também há aplicabilidade da Justiça Restaurativa em círculos comemorativos, reflexivos, ou até mesmo de luto, para auxiliar as pessoas a superarem os traumas sociais e individuais.

Em Minas Gerais, o Tribunal de Justiça e o Ministério Público iniciaram, por meio da Comissão de Justiça Restaurativa, a formalização do procedimento de resolução de conflitos escolares na rede pública estadual, com a participação dos Núcleos de Práticas Jurídicas das Faculdades de Direito da Capital. O programa foi denominado Nós - Núcleos de Orientação e Solução de Conflitos Escolares.[57]

Nessa obra, não cabe distinguir os métodos de mediação e de Justiça Restaurativa de modo a esgotar a temática, e sim inserir possibilidade de atuações para incrementar o estudo do leitor, visto que são metodologias que possuem suas especificidades e amplamente utilizadas, principalmente como ferramenta de auxílio ao processo tradicional, o judicial.

---

[57] TRIBUNAL DE JUSTIÇA DE MINAS GERAIS. **TJMG e Parceiros lançam Programa de Justiça Restaurativa.** Disponível em: <http://www.tjmg.jus.br/portal-tjmg/noticias/tjmg-e-parceiros-lancam-programa-de-justica-restaurativa.htm#.XTMvtehKjIU>. Acesso em: 20 jul. 2019.

7 O PODER JUDICIÁRIO E A ATUAÇÃO DO CONSELHO NACIONAL DE JUSTIÇA NO USO DA METODOLOGIA DE MEDIAÇÃO

Conforme já analisado no início da obra, o índice de litigiosidade é alto diante da propositura de ações.[58] Com isso, não haveria outra consequência senão o fomento à crise apresentada desde o século passado no Poder Judiciário Brasileiro, com um acúmulo enorme de processos que se arrastam por anos, sem uma decisão

---

[58] Resultado de pesquisa apresentada no Conselho Nacional de Justiça aponta que as capitais com maior Índice de Desenvolvimento Humano (IDH) possui o maior índice de litigiosidade por habitante: "Isso gera algumas consequências, pois, quanto mais se avança no desenvolvimento, mais processos são esperados", disse o pesquisador Marcelo Guedes na 2ª reunião preparatória para o 9º Encontro Nacional do Poder Judiciário e Lançamento da Justiça em Números 2015 ASSOCIAÇÃO DOS MAGISTRADOS MINEIROS. **Brasil avança em referência com estatísticas judiciárias** Disponível em: <https://amagis.jusbrasil.com.br/noticias/237839798/brasil-avanca-como-referencia-em-estatisticas-judiciarias-diz-pesquisador>. Acesso em: 09 jun. 2019.

definitiva, sendo que, muitas vezes, quando chegam ao final, não atendem mais ao interesse dos litigantes. Em respostas a tais questões, foi instituído no Brasil, por meio da Emenda Constitucional nº. 45, no ano de 2005, o Conselho Nacional de Justiça - CNJ, com a função precípua de realizar a Reforma do Judiciário e adotando, entre outras medidas, o incentivo à utilização da mediação como metodologia de resolução de conflitos, fornecendo ao cidadão uma alternativa à atuação do magistrado. Assim, residualmente, apenas conflitos mais complexos seriam destinados ao trâmite processual.

Para tanto, houve uma reestruturação interna nos Tribunais de Justiça dos Estados, com a criação dos Núcleos Permanentes de Mediação e Conciliação (NUPEMEC), que realizam cursos de capacitação aos cidadãos, principalmente, para que atendam as demandas de mediação por força da Resolução nº. 125/2010 do CNJ, da legislação especial sobre esta matéria, Lei nº. 13.140/2015 e do Código de Processo Civil, publicado também no ano de 2015.

Na versão atual, a capacitação em mediação de conflitos realizada pelos Tribunais envolve um curso de 100 horas, abrangendo 40 horas teóricas baseadas no estudo da obra Manual de Mediação Judicial[59] e 60 horas práticas, que devem ser cumpridas por meio da observação e atuação nas sessões de mediação e conciliação. O participante do curso deve ter cuidado ao participar das duas técnicas para não gerar confusão na utilização das regras e princípios. Caso contrário, haverá um entrelaçamento das metodologias e consequente comprometimento do aprendizado prático, por não serem observadas as diferenças existentes entre o instituto da conciliação e o da mediação. Forçoso é reconhecer a necessária separação das práticas no momento do estágio para os cursos judiciais de formação em mediação e o de conciliação. Dessa

---

[59] BRASIL. Conselho Nacional de Justiça. **Manual de Mediação Judicial.** André Gomma de Azevedo (Org.). 6 ed. Brasília, DF: CNJ, 2016.

maneira, o aluno do curso de formação de mediadores deverá cumprir as horas nas reuniões ou sessões de mediação. O reduzido número de mediadores instrutores que possam atuar com os estagiários do curso de formação representa, atualmente, um obstáculo à adoção de tal premissa. Uma alternativa seria a contratação dos mediadores cadastrados no Conselho Nacional de Justiça, mediante a abertura de vagas remuneradas pelo Tribunal de Justiça dos Estados. Assim, os estagiários teriam um robusto campo de aprendizado adequado em virtude da demanda atualmente existente.

    Como é notória a crise financeira pela qual passa o país nestes últimos anos, com reflexo também no sistema judiciário, essa contratação de mediadores teria a finalidade de atuação, principalmente, na fase pré-processual, o que resultaria a diminuição de distribuição de novas ações e, consequentemente, a resolução eficaz do conflito. A economia advinda da redução de distribuição de processos rende ensejo a tais contratações.

Outro cuidado que deve ter o participante do curso versa sobre a atuação do mediador. Na obra Manual de Mediação Judicial, livro de referência básica nos cursos de capacitação de mediadores, há uma instrução basilar de utilização do modelo de mediação técnica[60] ou judicial para que o terceiro interveniente - o mediador -, não possa [...] fazer juízo acerca da disputa em questão no sentido de como essa pode ser mais bem conduzida para uma solução. Deve-se ter em mente que o papel do mediador não é julgar [...].[61] A limitação da atividade desenvolvida pelo mediador é no sentido de, em hipótese alguma, emitir a sua opinião sobre qualquer assunto que envolva as partes. A opinião do mediador deve ser evitada sobre o conteúdo do litigio em si, nas possibilidades de resolução, para que possa resultar

---

[60] Idem, p. 139.
[61] Idem, p.217.

no aprendizado dos mediandos ao construir as bases do acordo. Há, porém, uma circunstância na qual a opinião do terceiro interveniente sobre aspectos que circundam as questões não basilares auxilia bastante no procedimento. A opinião do mediador poderá, até mesmo, constituir aspecto facilitador para que as partes pensem melhor e sigam o caminho prospectivo da resolução. Principalmente no início da mediação, quando houver alguma dúvida sobre a forma e anuência do procedimento, o trabalho do mediador será fundamental. Essa intervenção foi constatada em um procedimento no qual uma das partes se negava a participar da mediação e mencionava que queria que o juiz resolvesse por meio da sentença e colocasse o ex-marido na cadeia, em virtude de o mesmo estar com as parcelas da pensão alimentícia em atraso. O mediador realizou a intervenção mencionando que, na visão dele, "a conversa, o diálogo seria importante forma das partes se expressarem e darem uma chance para esclarecer sobre a necessidade de alimentos da filha do casal.

Acrescentou que a questão sobre alimentos era apenas um dos problemas que surgiu na vida da filha e, sendo assim, os pais deveriam aproveitar a oportunidade da mediação para aprenderem a colocar as ideias e a escutar os argumentos do outro. Caso contrário, com o ex-marido preso, ficaria mais difícil de conversar e poder resolver." Naquele momento, a parte materna, analisando a postura séria do mediador, escutou aquelas palavras e respondeu que ele tinha razão, que seria melhor seguir o caminho do diálogo a ter um outro 'estranho' ao assunto decidindo para eles e, com isso, encerrar a possibilidade conjunta em resolver interesses relacionados à filha. Percebe-se que o mediador não analisou, a princípio, o objeto central do conflito, da discussão, e sim assuntos que circundam o principal, a possibilidade de as partes utilizarem a mediação como meio de conversar melhor a respeito dos problemas. Portanto, como a mediação é um método de formalismo moderado, o mediador deve exercer sua função abstendo-se de opiniões sobre o conflito, mas tendo em mente a importância da sua atuação no convencimento das partes sobre os benefícios, vantagens deste método.

Outra análise importante sobre a atuação do mediador trata-se da escolha do modelo de mediação a ser utilizado. O fato de congelar uma metodologia e seguir à risca o que ela determina poderá reduzir as possibilidades de sucesso do trabalho inerentes ao procedimento de mediação, pois [...] o que se tem visto é a difusão de um ideal de mediação que pode servir à resolução consensual de disputas por meio da produção de acordos, mas que se distancia de uma mudança efetiva das relações interpessoais em face do conflito. Esse modelo de mediação parece ser pouco eficaz no sentido de transformar, efetivamente, a cultura adversarial para abordagem dos conflitos tão presente na sociedade brasileira.[62]

---

[62] ORSINI, Adriana Goulart de Sena; SILVA, Nathane Fernandes da. **Entre a promessa e a efetividade da mediação: uma análise da mediação no contexto brasileiro**. Revista Jurídica da Presidência Brasília, Brasília/DF, v. 18, n. 115, p. 335, Jun.-Set. 2016. Disponível em:
<https://revistajuridica.presidencia.gov.br/index.php/saj/articl

Não há como massificar a resolução de conflitos por meio da mediação como se fosse uma 'receita de bolo' que apresentasse a solução ao Judiciário. O CNJ pretende, com a publicação e divulgação do Manual de Mediação Judicial[63], o nivelamento dos conhecimentos. A partir disso, o mediador deve trabalhar conforme o seu aprendizado em cada caso, na sua particularidade, adaptando-se às várias metodologias nos momentos apropriados, desvinculando-se do engessamento de adotar um único método durante todo o procedimento como se fosse o melhor, o correto.

Com o intuito de dar continuidade na tarefa de ultrapassar a crise do judiciário, o CNJ realiza o cadastramento de Câmaras de Mediação para que possam estender a multiplicação da capacitação e realizar mediações que serão homologadas diretamente pelo Judiciário, como se nesse fossem

---

e/viewFile/1148/1156>. Acesso em: 06 jul 2019.
[63] BRASIL. Conselho Nacional de Justiça. **Manual de Mediação Judicial.** André Gomma de Azevedo (Org.). 6 ed. Brasília, DF: CNJ, 2016.

realizadas. Além das unidades do NUPEMEC criadas nos Tribunais de Justiça Comum dos Estados em cumprimento a Resolução nº. 125/10, conforme acima mencionado, destaca-se, também, a publicação da Resolução nº 147 em 30 de setembro de 2016 pelo Conselho Superior da Justiça do Trabalho[64] (CSJT), que, como medida de [...] política pública de tratamento adequado das questões jurídicas e dos conflitos de interesses [...], determinou a implementação de NUPEMEC's nos Tribunais Regionais do Trabalho e, por conseguinte, os CEJUSC-JT para a promoção de cursos de capacitação de mediação e conciliação, bem como de sessões e audiências envolvendo as duas metodologias. O CEJUSC-JT permitirá a realização de parcerias com entidades públicas e

---

[64] BRASIL. Conselho Superior de Justiça do Trabalho. **Resolução nº 147 de 30 de setembro de 2016**. Disponível em:
<http://www.csjt.jus.br/c/document_library/get_file?uuid=23 5e3400-9476-47a0-8bbb-bccacf94fab4&groupId=955023>.
Acesso em: 06 ago. 2019.

privadas, o que possibilitará o crescimento da mediação trabalhista no país.

Na perspectiva de fomentar a utilização da mediação, o CNJ inseriu, de forma inovadora, a Mediação Digital.[65] Esse sistema, como já acontece nos Estados Unidos na instituição consolidada há décadas, a *American Arbitration Association*,[66] permite que as pessoas em locais diversos e com dificuldade de se encontrarem pessoalmente possam conversar e tentar chegar a uma solução. Os acordos realizados pelo CNJ na forma virtual também serão homologados pelo Poder Judiciário. Na impossibilidade de acordo virtual, a mediação continuará no CEJUSCS no modelo presencial.

---

[65] BRASIL. Conselho Nacional de Justiça. Conciliação e Mediação – **Portal da Conciliação**. Disponível em: <http://www.cnj.jus.br/programas-e-acoes/conciliacao-e-mediacao-portal-da-conciliacao>. Acesso em: 13 out. 2016.

[66] A "*American Arbitration Associacion*" é uma entidade sem fins lucrativos, fundada em 1926 voltada para os trabalhos de arbitragem e mediação. Atendendo as inovações tecnológicas, foi desenvolvida a mediação on-line através de "chats" diante de conflitos entre duas partes privadas sendo que o valor da demanda não pode ultrapassar a U$10.000,00. Disponível em: < https://www.adr.org/>. Acesso em 03 jun. de 2019.

Cumpre destacar que esse sistema facilitará, principalmente, assuntos na área da relação de consumo e trabalhista. É comum, na relação jurídica de Direito do Consumidor, que o fabricante do produto tenha sede em um Estado, o vendedor em outro e o consumidor final resida em um Estado diverso dos dois primeiros, sobretudo, com o aumento dos sistemas virtuais de comércio – *e-commerce*. Por meio da mediação virtual, os três interessados poderão conversar, expor os motivos e interesses em pauta e tentar resolver as questões mediante a utilização do procedimento. Na relação trabalhista, também é comum que as partes – empregado e empregador – tenham sede e domicílio, respectivamente, em locais distintos. A utilização da mediação virtual pelo Conselho Nacional de Justiça realmente é um instrumento importante neste momento de repensar os procedimentos pelos quais passa o Poder Judiciário.

Ainda que de forma lenta, percebe-se que a mediação é incorporada cada vez mais na vida do brasileiro, o que acaba engrandecendo o país para a construção da paz social, visto que há muito se tenta convencer juristas ortodoxos que primam por desconstruir as vantagens da mediação no processo litigioso com receio de perder o mercado de trabalho. Cumpre esclarecer que, mediante a utilização da mediação, tem-se a eficácia dos resultados, ou seja, os mediandos aprendem a solucionar os seus próprios problemas através das técnicas deste instituto, fazendo com que seja minorada a incidência futura de conflitos e, consequentemente, a procura pela resolução por meio do Judiciário. Nunes ensina que:

> [...]durante o processo de mediação, o mediador precisa desconstruir o paradigma cultural da barganha ou da lide para levar vantagens e transformar competição em cooperação. Deverá construir opções de benefícios mútuos de redução da incerteza, de fortalecimento das pessoas, de reciprocidade, de melhoria da comunicação e dos relacionamentos.[67]

---

[67] NUNES, Antônio Carlos Ozório. **Manual de Mediação:**

Não há mais espaço para o discurso que a mediação irá diminuir o âmbito de atuação do jurista, seja advogado, magistrado, promotor de justiça, entre outros. Por meio da mediação, o trabalho será eficiente, com a participação dos interessados, mediador e também advogados, visto que os litígios serão resolvidos de forma mais rápida e com resultado satisfatório aos mediandos, o que dará lugar à posterior resolução de outras questões de maior complexidade afetas apenas ao Judiciário. Assim, o trabalho de todos poderá ser realizado com sucesso e o advogado será remunerado pelos honorários da mesma maneira, pois será necessária a sua participação para o acompanhamento das sessões e a elaboração do acordo dentro dos limites legais. Ao invés de destinar anos, e até décadas, ao acompanhamento do processo e elaboração de peças processuais –

---

guia prático para conciliadores. São Paulo: Editora Revista dos Tribunais, 2016, p.35.

contestação, agravos, apelações, recursos especiais –, o advogado irá laborar durante quatro meses, em média, finalizando com a redação do acordo, e, por conseguinte, poderá assumir novas demandas jurídicas. O valor dos honorários deverá ser repensado pelo advogado, levando em conta a desnecessidade em laborar 'durante anos a fio' no processo, em virtude de não haver necessidade de fase recursal e lado outro na prestação do serviço que da mesma forma se dará, realizando o acompanhamento de modo eficaz em menor tempo que o usual. Não há que se esperar décadas para receber a remuneração!

Outra vantagem importante da mediação é a redução do desgaste emocional, visto que as partes trilham um caminho curto em busca do almejado acordo. Apesar da norma inserta na Constituição da República através da Emenda Constitucional nº 45, de 08 de dezembro de 2004, que dispõe sobre o princípio da duração razoável do processo, no inciso nº LXXVIII, e que, portanto, pretende agilizar o procedimento, não tem surtido o resultado totalmente satisfatório. A legislação nacional ainda necessita de atenção especial para tratar a morosidade, como assevera o mestre Theodoro Júnior:

> É evidente que sem efetividade, no concernente ao resultado processual cotejado com o direito material ofendido, não se pode pensar em processo justo. E não sendo rápida a resposta do juízo para a pacificação do litígio a tutela não se revela efetiva. Ainda que afinal se reconheça e proteja o direito violado, o longo tempo em que o titular, no aguardo do provimento judicial, permaneceu privado de seu bem jurídico, sem razão plausível, somente pode ser visto como uma grande injustiça. Daí por que, sem necessidade de maiores explicações, se compreende que o Estado não pode deixar de combater a morosidade judicial e que, realmente, é um dever primário e fundamental assegurar a todos quantos dependam da tutela da Justiça uma duração razoável para o processo e um empenho efetivo para garantir a celeridade da respectiva tramitação.[68]

---

[68] THEODORO JÚNIOR, Humberto. **Curso de Direito**

Na mediação, encontram-se a garantia da privacidade e o sigilo do procedimento. A divulgação de certas notícias, seja por meio da imprensa ou entre os membros da sociedade, pode causar danos irreversíveis para a pessoa física e jurídica. Exemplo dessa situação verificou-se na Escola Base de São Paulo, no ano de 1994, quando o casal de proprietários foi, mediante informação da imprensa, denunciado por violência sexual a crianças, dados esses divulgados pelo do Delegado de Polícia Civil responsável pelo caso. A repercussão foi nacional, com imediato sentimento de repulsa da sociedade diante de atitudes totalmente contrárias ao convívio entre pares e, principalmente, envolvendo a situação de hipossuficiência. Posteriormente, concluiu-se que tal afirmação não era procedente. O Estado de São Paulo foi acionado pelos lesados para indenizá-los

---

Processual Civil – teoria geral do direito processual civil e processo de conhecimento. 50 ed. Rio de Janeiro: Forense, 2009, 1 v, p.33.

em R$250.000,00 para cada um dos acusados, pelos danos morais sofridos à época e que repercutem até hoje, de acordo com a decisão do Superior Tribunal de Justiça (STJ). Seguem dados da ementa do processo que tramitou no STJ:

> RECURSO ESPECIAL. RESPONSABILIDADE CIVIL DO ESTADO. DANO MORAL. ATO PRATICADO POR DELEGADO DE POLÍCIA. DIVULGAÇÃO TEMERÁRIA DA PRÁTICA DE ABUSO SEXUAL CONTRA ALUNOS DA ESCOLA DE BASE. NOTÍCIA POSTERIORMENTE DESMENTIDA. AUMENTO DO VALOR FIXADO PELA CORTE DE ORIGEM. POSSIBILIDADE DE REVISÃO POR ESTE SUPERIOR TRIBUNAL DE JUSTIÇA.[69]

---

[69] BRASIL. Supremo Tribunal de Justiça. **Recurso Especial nº 2001/0112777-9 SP.** Ministra relatora: Eliana Calmon. Disponível em: <http://www.stj.jus.br/SCON/jurisprudencia/toc.jsp?tipo_visualizacao=null&livre=escola+base+de+s%E3o+paulo&&b=ACOR&p=true&t=&l=10&i=11>. Acesso em: 24 out. 2012.

Independentemente do valor arbitrado pelo Poder Judiciário, nada recupera a entidade familiar aniquilada, as amizades perdidas, as vidas arruinadas, a dignidade da pessoa. O dano social já foi concretizado. Desse modo, é importante refletir sobre a vida do casal e, também, das famílias das crianças envolvidas, já que tanto se pensou, falou e agiu. Será que as crianças foram isoladas do problema ou participaram na realização de exame de corpo de delito? Será que participaram de sessões com médicos e psicólogos para tentar diagnosticar o suposto ocorrido? Será que foram interrogadas e questionadas, inserindo no contexto algo que não era real? Até que ponto foi necessária, zelosa ou precipitada a atitude? Qual foi o motivo relevante do início de tal suposição? Onde estava o conflito, o problema? Todos são condenados socialmente pelos preconceitos até que se prove o contrário? Essas reflexões devem ser realizadas com o escopo de analisar aspectos positivos do sigilo na mediação e seus reflexos diante dos conflitos.

Impende esclarecer, também, que o procedimento da mediação se constitui de instrumento no qual os mediandos devem respeitar o processo de escuta, o que consequentemente facilita a comunicação entre eles. O ato de escuta origina, primeiramente, uma abertura para receber os argumentos do outro de maneira propositiva. Reflete, portanto, na possibilidade de uma maior eficácia na compreensão, resultando ambientes mais colaborativos diante da melhoria dos relacionamentos. Dessa forma, os mediandos vislumbram a possibilidade de solucionarem suas próprias questões, a partir do modo como atuam um com o outro diante de conflitos. A vantagem do respeito à escuta na mediação de conflitos representa importante modo de entender e perceber a outra parte e a si mesmo.

Cumpre destacar, igualmente, o aspecto positivo que se refere à fase de finalização do processo de mediação, na qual ocorre um maior compromisso das partes em cumprir um acordo por elas construído. Esta vantagem é de suma importância, uma vez que, nesse tipo de meio alternativo de resolução de conflitos, os mediandos compõem o acordo e esse é realizado diante do real interesse, da real possibilidade das partes. Eles se preocuparão em pactuar o que puderem se obrigar a cumprir, pois, caso contrário, as penalidades recairão sobre a parte inadimplente. Em virtude de tais premissas é que o procedimento da mediação apresenta crescimento progressivo no contexto nacional.[70]

Diante das vantagens supramencionadas, o Conselho Nacional de Justiça age acertadamente ao inserir a mediação como um dos modos adequados de resoluções de conflitos, visando minorar a crise do judiciário e por ser autocompositiva. Os interessados têm participação ativa na análise, discussão e elaboração do acordo. O terceiro, o mediador, fará intervenções com o escopo de auxiliar as partes a entenderem questões e

---

[70] AZEVEDO, André Gomma (Org.). **Manual de Mediação Judicial.** 3 ed. Brasília: Ministério da Justiça e Programa das Nações Unidas para Desenvolvimento – PNUD, 2012, p. 264.

encontrarem a melhor solução. Poderá, este terceiro, ter uma participação ativa ou não. Mas serão as partes que realmente realizarão a elaboração do acordo e terão sempre participação no processo de solução. Com isso, ocorrerá a potencialização da autonomia e aprendizado das habilidades de saberes na solução do conflito. Há uma denominação usual de empoderamento, utilizando-se a tradução para a palavra no idioma inglês *empowerment*, com o objetivo de significar maior autonomia e responsabilidade em processo decisório. Neste trabalho, as expressões "potencialização da autonomia" e "aprendizado das habilidades de saberes" serão destinadas a substituir a palavra empoderamento, visto que, ao pronunciá-la, tem-se a ideia de que a pessoa passa a ter um poder, uma superioridade, um domínio, um sentimento de grandeza diante de situação pretérita de fraqueza, de impotência, e não é isso que se quer na mediação. O que realmente ocorre no procedimento de mediação é a valorização da autonomia do ser humano e um aprendizado para entender o conflito, não como um problema dentro de uma 'caixa de concreto', mas como uma oportunidade de resolver suas próprias questões, respeitar o outro como um ser humano com dificuldades e a sua maneira positiva de ser, ter uma comunicação ativa, escutar, dar voz à autoestima, empatia, criar possibilidades diante de uma autonomia que estava, de certa forma, escondida no interior do ser. Ocorre a [...] transformação positiva dos envolvidos. O objetivo maior da mediação é educar os mediandos para que possam aprender a gerir o futuro.[71] A potencialização da autonomia e o aprendizado das habilidades de saberes da escuta e do diálogo indicam que a pessoa é detentora de autonomia e de capacidade de aprender e reaprender várias habilidades, e que agora fará uso das mesmas em virtude da necessidade de aprendizado de saberes

---

[71] FIORELLI, José Osmir; FIORELLI, Maria Rosa; MALHADAS JÚNIOR, Marcos Júlio Olivé. **Mediação e Solução de Conflitos: teoria e prática**. São Paulo: Atlas, 2008, p. 62-63.

que a auxiliarão na resolução de suas questões. A autonomia está intrinsecamente no ser, mas, em certas circunstâncias, a pessoa não dá conta de viver na relação com o outro para fazer valer sua vontade e seus desejos. Na mediação, essa questão é trabalhada para que o mediando tenha consciência da possibilidade de ter sua autonomia ressaltada e valorizada. Pachá ilustra bem esta atitude de autonomia ao citar o caso de um casal que estava na audiência de divórcio após vinte e oito anos de casados:

> Como era simples decidir a vida pelo retrovisor. As escolhas que não foram feitas – como num passe de mágica – se transformam na parceria para todos os males. As promessas de outrora e que nunca se concretizaram começam a se espalhar pela realidade como areia movediça, imobilizando as ações e remetendo para o futuro pretérito os projetos abandonados.
> Otávio se lembrava da doçura do início do casamento. Parecia que tinham vivido em mundos paralelos. As queixas de Luísa não encontravam eco nas estórias contadas pelo marido.

> Sorrindo, como que revivendo a juventude, Otávio contou dos passeios com as crianças nos fins de semana. Da emoção de, ainda tão jovem, garantir à família uma estrutura material sólida, da alegria e do conforto garantidos pela serenidade da companheira.
> -Como é que eu ia saber que ela odiava aquilo tudo? Ela nunca me disse que se sentia presa, que sentia falta dos amigos, que queria trabalhar ou que estava cansada de cuidar da casa e das crianças. Ela era linda. Eu adorava voltar para casa sabendo que ela me esperava.
> Embora não tivessem se dado conta, desde então instalava-se um muro dividindo o casal, definindo que, embora juntos na mesma casa e na mesma cama, suas vidas seguiriam paralelas e invisíveis uma para a outra.[72]

O fomento das habilidades necessárias para a resolução de cada caso é uma atitude fundamental para o sucesso do procedimento. Não se deve ressaltar o passado como tempo perdido, e sim

---

[72] PACHÁ, Andréa Maciel. **Segredo de Justiça: Disputas, amores e desejos nos processos de família narrados com emoção e delicadeza por uma juíza.** Rio de Janeiro: Harper Collins Brasil, 2014, p, 22-23.

partir do presente, para que, na mediação, as partes aprendam a agir conforme o desejo e entendimento de cada uma, sem ressentimentos, sem incutir culpa a si e ao outro. Esta potencialização, então, não é sinal de existência de fraqueza, como assim induz a palavra empoderamento. É sim indício de usabilidade de algo que a própria parte já possuía e que passará a utilizar da melhor maneira possível na mediação. Após passar pelo procedimento da mediação, as partes podem obter um ganho que as acompanhará no percorrer das relações da vida, por meio da potencialização da autonomia e do aprendizado de habilidades de saberes dela com ela mesma e com os outros.

    Destaca-se, também, que a escolha assertiva do CNJ pela mediação tem uma atuação mais abrangente, ou seja, pode ser utilizada em vários ramos do Direito. A mediação está presente, principalmente, no Direito Civil – nos litígios envolvendo entidades familiares que primam pela melhoria das relações entre pais e filhos ou entre as partes, na reconstrução de lares ou, até mesmo, na separação, que é um momento no qual os interessados precisam se comunicar, tomar decisões, renunciar interesses e chegar, conscientemente, a um consenso. A mediação está presente no direito sucessório, em que geralmente há várias pessoas interessadas no mesmo polo, mas com interesses singulares, fato este que dificulta a escuta do outro. Desse modo, esse procedimento será importante para a manutenção dos laços afetivos que devem perdurar durante toda a vida. Nos contratos, poderá se estabelecer a cláusula de mediação antes mesmo de o conflito surgir. Nessa seara, incluem contratos de compra e venda de imóveis, de bens móveis, de locação, de prestação de serviços, de empréstimos, entre outros. Assim, fica mais fácil conseguir restabelecer interesses no momento de controvérsias.

Nas ações possessórias, também é cabível a mediação, como no caso em que várias pessoas residem no mesmo terreno, dividindo áreas comuns. No Direito Empresarial, pode-se utilizar nos litígios entre sócios. Nos contratos de representação comercial, também é viável. Nas sociedades abertas que movimentam capital em Bolsa de Valores, a cláusula compromissória de mediação é valorizada pelo mercado, apresentando uma possibilidade de resolução rápida diante de um conflito que pode vir a atrapalhar a imagem da empresa e interferir no preço de mercado das ações. Assim, percebem-se os aspectos positivos da manutenção do bom relacionamento, confiança e boa-fé entre parceiros, clientes e fornecedores, por exemplo.

No Direito Ambiental, a mediação também é amplamente utilizada. Como exemplo, ocorreram dois casos envolvendo comunidade e empresa responsável por dano ambiental, em Mariana e Brumadinho, ambos em Minas Gerais, em virtude do vazamento da barragem de rejeitos de minério de ferro das atividades empresárias Samarco e Vale, respectivamente.

No âmbito escolar, nos litígios envolvendo alunos, em que há presença de violência entre estes e a comunidade acadêmica, é passível de solucionar utilizando-se da mediação. Aliás, a mediação escolar é um tema que está inclusive nas grades curriculares dos cursos de pedagogia, e isso favoreceu a ampliação da utilização da metodologia.

Não se pode deixar de mencionar os conflitos comunitários que ganharam destaque na mediação, como o caso das ocupações da BR 381 nos arredores de Belo Horizonte, onde o Tribunal Regional Federal de Minas Gerais solucionou ações possessórias coletivas com a mediação.[73]

No Direito Penal, a mediação poderá ser utilizada em casos de delito de menor potencial ofensivo. Com isso, percebe-se que a mediação poderá ser amplamente utilizada, tanto no direito ~~disponível como no indisponí~~vel.

---

[73] PREFEITURA MUNICIPAL DE BELO HORIZONTE. **Companhia Urbanizadora e de Habitação de Belo Horizonte.** Este foi o projeto O Concilia BR-381 e Anel – Programa Judicial de Conciliação para Remoção e Reassentamento Humanizados de Famílias do Anel Rodoviário e BR – 381. Disponível em:< https://prefeitura.pbh.gov.br/urbel/programa-judicial-de-conciliacao>. Acesso em 18 nov. de 2020.

Contudo, inobstante o fato de o CNJ inserir a mediação no procedimento judicial, as questões acerca da mediação acima relatadas não esgotam as expectativas de resolver o momento tumultuado no qual se encontra o Judiciário, se não houver um olhar diferenciado para o ser humano, uma forma de comunicação real entre as pessoas, uma compreensão de como o conflito inicia, como ocorre e o que pode ser alterado no modo de ser do cidadão. Faz-se necessário quebrar paradigmas. Para tanto, deve-se trabalhar na busca da utilização efetiva da mediação, com o intuito de cumprir com seus objetivos de minorar a crise do Judiciário e demonstrar às pessoas que a comunicação eficaz é necessária na vida do ser humano, como maneira diferençada de viver. É importante que o mediador tenha zelo em apresentar aos mediandos uma nova perspectiva em melhorar o modo de ser com ele mesmo, de comunicar com os outros e com o mundo que o cerca. É imprescindível o reconhecimento deste mundo, do limite entre a pessoalidade e impessoalidade, da compreensão do contexto que alicerça cada parte, do olhar para o passado como algo que justifique o presente, mas que não deve permanecer no reconhecimento do novo, para que se possa ter sucesso na metodologia.

Assim, após conhecer a mediação, é importante iniciar o pensar, o refletir sobre o que esta obra dialoga, que é a análise da hermenêutica fenomenológica, abordagem por mim adotada para a metodologia – mediação fenomenológica – que desenvolvi durante os estudos e pesquisas no doutorado.

A Mediação Fenomenológica teve como marco teórico central a linguagem e estudos da historicidade descrita por Heidegger no clássico Ser e Tempo. A relevância desta metodologia está no escopo em apresentar questionamentos e posições que tratam da relação cotidiana diante do conflito. Separar o ente do ser e pesquisar o modo de estar, de se portar, a existência, a historicidade, o abismo e a reconstrução nas possibilidades, realizando o questionamento desses assuntos dentro da mediação de conflitos, trazendo a pré-compreensão e a compreensão do procedimento e das relações entre os mediados, são temas abordados diante da importância na centralidade do homem, pois, com isso, o ser humano pode reaprender a lidar consigo, com seu mundo e com os outros. É necessário o ser sair da comodidade, do mundo virtual e a tagarelice que o circunda e voltar o olhar para o amor, a compaixão, a solidariedade, a gratidão, para dentro de si mesmo, bem como para o que transcende o seu ser.

Portanto, mediante a adoção desses procedimentos, a Mediação Fenomenológica poderá contribuir para a melhor convivência, bem como na potencialização da autonomia e aprendizado das habilidades de saberes, e, com isso, na diminuição de judicializações por entender e aprender que as questões podem ser resolvidas entre as próprias partes. Assim, faz-se necessário trazer à tona o estudo da hermenêutica fenomenológica no auxílio da compreensão do mundo através do terceiro interveniente.

A função do mediador é iluminar o percurso para que os mediandos, após a conscientização do contexto das suas informações e percepções no conflito, possam enxergar, perceber e compreender quais seriam os interesses e necessidades e, partindo dessas questões, procurar a melhor possibilidade a ser inserida no acordo. Ao mediador cabe ressaltar e mostrar a linguagem dos mediandos, clarificar as posições e possibilidades. É preciso, por meio da linguagem, entender, compreender, contextualizar tudo e todos que estão envolvidos no procedimento de mediação.

Megale[74] acrescenta que cabe ao intérprete, diante da declaração volitiva, compreender o que quiserem as partes. O mediador atua através do ato de observar, compreender e interpretar a linguagem dos mediandos, cada qual em seu contexto, bem como diante do conflito.

---

[74] MEGALE, Maria Helena Damasceno e Silva. **Horizontes Hermenêuticos.** Belo Horizonte: UFMG, 2012, p. 11.

A forma como o mediador conduzirá o procedimento de mediação será analisada neste trabalho com base na utilização da hermenêutica fenomenológica, pois o exercício dessa função é primordial para que a mediação seja realizada com dedicação e esmero por todos os envolvidos no procedimento. O modo de atuar do mediador guia o procedimento de mediação.

Cumpre esclarecer que esta obra apresenta uma metodologia diferenciada de se resolver os conflitos, por meio da Mediação Fenomenológica, com o escopo de elucidar como o procedimento ocorreu e qual a intenção e percepção, bem como o resultado desejado e almejado pelos mediandos. Assim, apresenta outro norte a ser perseguido pela sociedade, com o objetivo dos seres humanos se tornarem responsáveis pela resolução de seus próprios problemas, tendo em vista o resultado almejado pela mediação em conseguir potencializar a autonomia e aprender a lidar com saberes importantes para o deslinde de questões pessoais e com o outro nas bases fenomenológicas, e, assim, poder contribuir efetivamente para o abrandamento da Crise do Poder Judiciário. É o que se conhecerá a seguir.

FENOMENOLOGIA E MEDIAÇÃO

1 INTRODUÇÃO

Na sociedade da Era da Transformação Digital, diante da Revolução Tecnológica 4.0, encontra-se um modo de ser do homem que faz com que ele se perca quando inserido no conjunto, permeado pela cultura de massa como forma de padronização de vida, esquecendo-se, com isso, do real sentido de singularidade. Neste contexto da atualidade, o ser humano significa pessoa "multitarefada", que tem obrigação de estar na constante agitação, com alta produtividade, sem poder olhar para si e se reconhecer. As pessoas vivem no individualismo de forma equivocada, na superficialidade e sem uma identidade. É um modo de viver do ser humano, um ser repleto de utensílios, como casas, carros, aparelhos, profissões, vestuários, animais de estimação, apetrechos e redes sociais, entretanto, é um ser vazio de entendimento de si mesmo, um ser áspero. Com isso, as relações sociais tornaram-se inconstantes e repletas de desencontros, em que impera a falta de valores tais como amor, solidariedade, compaixão, gratidão, respeito, humanismo, humildade e compreensão, sendo esses fatores os que fomentam a desarmonia e, consequentemente, os litígios.

Nesse contexto, faz-se necessário apresentar uma forma diferenciada de resolução de litígios, que propicie às partes pensarem sobre o conflito, no escopo de buscar compreender e interpretar, por meio da linguagem fenomenológica, o sentido do que se apresenta. Dessa forma, os envolvidos podem aprender a elaborar possibilidades visando a acordos diante do mundo circundante e, com isso, conseguir potencializar a autonomia e a aprendizagem das habilidades de saberes por meio da Mediação Fenomenológica.[75]

A potencialização da autonomia é uma forma do mediando – aquele que está envolvido no conflito e quer resolvê-lo pela mediação – resgatar sua própria vontade de ser e se fazer inserido no aprendizado das habilidades de saberes, que resultarão desta potencialização. Nesse tipo de

---

[75] Ao longo do Tomo II, estes conceitos serão elucidados de modo intenso. Nesse momento o objetivo é apresentar contextualizações importantes para auxiliar na compreensão do todo. Assim, visando ao entendimento basilar, a fenomenologia é a ciência que analisa questões, fenômenos que ocorrem na vida do ser humano que devem ter destaque para ele. A mediação fenomenológica destina-se a resgatar a consciência da individualidade e reconhecimento dos fenômenos que realmente tem identificação com o mediando para destinar a uma tomada de decisão consciente. Para Fayga Ostrower, a atitude fenomenológica indaga a essência do ser em sermos fenômenos percebidos. OSTROWER, Fayga. **Criatividade e processos de criação**. 30 ed – Petrópolis:Vozes, 2014,p.64.

mediação, a análise da linguagem no discurso e nas atitudes que desvelam o homem[76] constitui um importante modo para compreender o Ser-aí, o Ser-no-mundo e o Ser-com diante dos conflitos, na desconstrução e reconstrução de relações entre pessoas, buscando a melhor possibilidade que atenda, primeiro, aos seus interesses individualizados, para, depois, voltar-se ao olhar conjunto e tentar resolver o conflito como um todo.

O Ser-aí vive no mundo, no seu meio ambiente, mas não é categorizável, visto que não há como inserir uma única qualidade comum a todos os seres humanos. Isso faz com que Heidegger os classifique como seres históricos, que se perfazem por meio de conhecimentos adquiridos no seu horizonte, diferenciando dos demais seres vivos em virtude, também, da linguagem.

---

[76] HEIDEGGER, Martin. **Ser e Tempo**. Tradução e organização, nota prévia, anexos e notas de Fausto Castilho. Campinas, SP: Editora Unicamp; Petrópolis, RJ: Editora Vozes, 2012, p. 239. (1ª reimpressão 2014).Título original: Sein und Zeit.

O Ser-aí é existencial, começa a se relacionar e, diante da mostração do mundo, adquire conhecimentos que vão se sedimentando e constituindo os pré-conceitos ao longo dos anos, diante da historicidade do homem.[77] Esses pré-conceitos serão importantes para auxiliar o homem a resolver seus problemas que são inerentes à existência, direcionando-o a uma solução.

Cada qual irá existir à sua maneira, irá se relacionar com o mundo, se mostrará de uma forma única, individualizada. O Ser-aí como único está diante do caráter próprio de poder ser na sua essência formada na existência, a qual se constitui resultante das suas possibilidades. Estas surgem nos horizontes históricos, apresentando o aspecto temporal do homem. O Ser-aí será próprio, já que está diante da sua verdade, do seu modo autêntico de ser.

---

[77] Cada ser humano possui a sua história, a história dos seus antecedentes que vão construindo a vida. A história direciona o modo de ser e de viver. Idem, p.425/426.

Quando na sua autenticidade, o homem poderá ser ele próprio com suas percepções, sentimentos e vontades. O Ser-aí tem que se sustentar, que dar conta de si, da sua verdade perante ele e os outros, mesmo que seja dolorosa a mostração, a qual se faz na linguagem, que é a morada do ser.[78] Assim, consequentemente, o homem deve ter zelo pela sua morada e pelo seu discurso para manter o respeito consigo mesmo.

O Ser-aí sai do caráter próprio e encontra-se convivendo com outros, o que o denomina Ser-no-mundo. O conviver como Ser-no-mundo é um modo de relacionar com o mundo circundante, direcionando-o à construção de um caráter impróprio, tendo em vista que o homem já não está na sua autenticidade, pelo contrário, a vontade será

---

[78] Na obra "Carta sobre o Humanismo", Heidegger explica o ser humano como diferente dos demais seres da natureza, em virtude da linguagem. Para ele, [...] a linguagem é a casa do ser; nela morando, o homem ex-siste enquanto pertence à verdade do ser, protegendo-a. HEIDEGGER, Martin. HEIDEGGER, Martin. **Carta sobre o humanismo** / Martin Heidegger. Tradução de Rubens Eduardo Frias. 2 ed. rev. São Paulo: Centauro, 2005, 38 p. Título original: *Lettre sur l'humanisme*.

realizada conforme dita o todo, o comum da cotidianidade. Por isso será impessoal.[79]

Portanto, a impessoalidade deve existir naquelas questões comuns, rotineiras ao Ser-aí, mas sem que ele perca a sua identidade e a autenticidade mínima, mantendo-se preservado este campo de existir e o cuidado com a sua morada.

Este conviver com o Ser-aí e o mundo requer muito zelo. O primeiro aspecto com que se deve ter cautela é a aquisição de conhecimentos sedimentados pelo Ser-aí, como os pré-conceitos que ultrapassem a principiologia ética do viver. Os pré-conceitos serão importantes na existência do Ser-aí, mas é preciso ter parcimônia. Esta construção dos pré-conceitos vai fomentando o modo de ser e, com isso, o Ser-aí deve rever constantemente sua rede referencial de pré-

---

[79] O caráter pessoal significa que o homem está na sua autenticidade, sendo ele mesmo reflexo da base de pré-conceitos que foi construída por meio da historicidade. Quando o ser humano sai da sua pessoalidade e vai de encontro à sociedade, ele deixa seu caráter pessoal de ser e passa a interagir e ser como o todo, assim, agora, na impessoalidade.

conceitos e analisar as crenças limitantes. O segundo cuidado é ao se relacionar. O Ser-com, na linguagem com o outro, para querer alcançá-lo e ser bem compreendido, deve discursar e verificar se o discurso foi ouvido com atenção. Por isso, é importante conferir o entendimento da linguagem com quem a recebeu. O terceiro cuidado diz respeito à fala transbordante, que pode significar um falatório inócuo, despido de significados. O falatório é a linguagem que diz sobre a cotidianidade, está no impróprio por não fazer parte do Ser-aí. O discurso, quando não pertence ao Ser-aí, o torna inautêntico, remetendo ao inverídico ou à fala de outros.[80] Estes modos da linguagem requerem um lidar com sensibilidade por parte do mediador.

Portanto, na Mediação Fenomenológica, o mediando traz consigo a sua historicidade formada

---

[80] HEIDEGGER, Martin. **Ser e Tempo**. Tradução revista e apresentação de Márcia Sá Cavalcante Schuback. Posfácio de Emanuel Carneiro Leão. 8 ed. Petrópolis, RJ: Vozes; Bragança Paulista, SP: Editora Universitária São Francisco, 2013c, p. 72/73. Título original: *Sein und Zeit*.

pelos pré-conceitos, diante da sua existência, na essência e na verdade. É preciso, primeiro, legitimar sentimentos e discursos do Ser-aí para localizar a temporalidade histórica e, consequentemente, tornar as circunstâncias mais claras e nítidas, facilitando o entendimento do que ocorreu. No passado, uma presença é procurada não no resgate do ser, mas sim na justificativa, no reconhecimento e desvelamento do Ser-ente para entender o Ser-aqui. Diante da historicidade, surge a justificativa do agir.[81] É por isso que o ser humano tem certos comportamentos que o fazem olhar para o lado e se reconhecer em comportamentos dos seus familiares que o remetem a algo pertencente.

O mediando deve ter consciência de seus próprios pré-conceitos, identificando o conhecimento sedimentado pela sua historicidade, mantendo sua autenticidade, sem interferir no entendimento da autenticidade do outro. O

---

[81] Idem, p. 57/59.

mediador, como observador, deve atuar no sentido de investigar o interesse e a necessidade das partes na linguagem. Após os mediandos terem compreendido e interpretado o mundo circundante do conflito,[82] estarão aptos a elaborar e escolher a melhor possibilidade para seguir no acordo da Mediação Fenomenológica. Desse modo, terão potencializado a autonomia e aprendido as habilidades de saberes.

    O que se pretende nesta obra é demonstrar a contribuição para a construção da paz social e a efetiva resolução de conflitos com a consequente diminuição das demandas de judicialização de diálogos, que poderão ser resolvidos na Mediação Fenomenológica, apresentando uma forma diferenciada de poder ser, existir e conviver. O ser humano deve viver na sociedade se identificando na singularidade, sendo e percebendo ele mesmo, se mostrando e se encontrando no discurso, e não apenas consumindo aspectos inerentes a outros. O

---

[82] Idem, p. 173.

Ser-aí deve conviver com autenticidade, atento aos seus próprios interesses e necessidades, buscando a compreensão e interpretação, existindo. Assim, faz-se necessário trazer à tona o estudo da fenomenologia por meio da linguagem, como o modo de ser e se mostrar para si mesmo e para o outro; a compreensão e interpretação entre o mediador e mediandos no procedimento de resolução de conflito; a cotidianidade e os pré-conceitos; a desconstrução das verdades e a construção do acordo baseado nas possibilidades dos mediandos, retratando, assim, o estudo da linguagem como elemento importante na Mediação Fenomenológica, que será apresentada a seguir como resolução efetiva e diferenciada dos conflitos.

2 A NECESSIDADE DE REVER A LINGUAGEM NA COTIDIANIDADE

Os avanços científicos e tecnológicos surgidos nas últimas décadas propiciaram a melhoria do viver cotidiano da sociedade na Era da Transformação Digital, mas não se atentaram às questões afetas à convivência, ao desenvolvimento das relações interpessoais e, portanto, causaram o retrocesso do indivíduo, de acordo com Santos.[83] Esse retrocesso resultou no ser mais agitado, imediatista, conturbado e com menos tempo para estar com a família, os amigos e, inclusive, com ele mesmo. A cada dia, o homem está mais sozinho, munido do aparelho celular do tipo telefone inteligente de múltiplas funções, um computador portátil, inserido em seu fone de ouvido – já sem fio, com todas as formas possíveis de mídias, vivendo superficialmente sua individualização.[84]

---

[83] SANTOS, Boaventura de Sousa. **Pela mão de Alice: o social e o político na pós-modernidade.** 14 ed. São Paulo: Cortez, 2013, p. 32.
[84] CAMPOLINA, Inês Maria de Carvalho. Atuação do Advogado na Mediação. In: MEGALE, Maria Helena Damasceno e Silva (Org.). **A Invocação da Justiça no discurso Juspolítico.** Belo Horizonte: Imprensa Universitária

Desleixado, arrogante, áspero e desatento ao que está à sua volta, o ser humano desaprendeu como é o exercício de se relacionar e, assim, vivencia uma sociedade superficial. Fayga Ostrower, no ano de 1976, apresentou, em sua obra, pertinente reflexão nesse sentido e menciona que

> O ser humano vive alienado de si mesmo. As riquezas materiais, os conhecimentos sobre o mundo e os meios técnicos de que hoje se dispõem em pouco alteraram essa condição humana. Ao contrário, o homem contemporâneo, colocado diante das múltiplas funções que deve exercer, pressionado por múltiplas exigências, bombardeado por um fluxo ininterrupto de informações contraditória, em aceleração crescente que quase ultrapassa o ritmo orgânico de sua vida, em vez de se integrar como ser individual e ser social, sofre um processo de desintegração. Aliena-se de si, de seu trabalho, de suas possibilidades de criar e de realizar em sua vida conteúdos mais humanos.[85]

---

da UFMG, 2013, p. 91.
[85] OSTROWER, Fayga. **Criatividade e processos de criação**.30 ed. Petrópolis:Vozes, 2014, p. 6.Cumpre esclarecer que esta reflexão data do ano de 1977, quando

Atualmente, as pessoas trabalham cotidianamente, saem de casa na madrugada e retornam para sua residência à noite, não encontrando um espaço para a refeição em família. Antes, nesse momento com a família, estava presente o diálogo, em que aconteciam conversas sobre cotidiano – como foi o dia de cada um. No entanto, as pessoas estão vivendo sem perceberem o verdadeiro sentido do conviver. É comum presenciar em restaurantes famílias que estão reunidas para um suposto momento de união e de confraternização, mas cada qual com seu entretenimento virtual, tirando *selfies*, mandando mensagens e sem priorizar a presença daquele momento no entorno com as pessoas. Até mesmo as crianças com menos de dois anos de idade já estão inseridas neste contexto cibernético com dedinhos que se movimentam para alcançar imagens virtuais. Entes familiares, mesmo estando

---

publicada a 1ª edição.

ao lado uns dos outros, utilizam os meios de comunicação cibernéticos para conversarem, não permitindo a troca de olhares e do discurso pessoal. Esses fatos têm sido, também, propulsores da falta de amor, de tolerância, de carinho, de paciência, de compaixão e, consequentemente, da falta de compreensão. Mesmo o momento pandêmico não conseguiu minorar o movimento digital, pelo contrário, trouxe um tornado de *lives* e *webs* que causaram intoxicação virtual na sociedade.

Os laços afetivos e sociais necessitam ser realizados com constantes cuidados, refeitos diante de um olhar criterioso, tratados na cotidianidade.[86] Nesse contexto, destaca-se a entidade familiar - a base das relações interpessoais que se apresentam em um descompasso entre valores, amor, autoridade, respeito e atitude de limite. A sociedade viveu por séculos diante de um paternalismo

---

[86] PACHÁ, Andréa Maciel. **Segredo de Justiça: Disputas, amores e desejos nos processos de família narrados com emoção e delicadeza por uma juíza**. Rio de Janeiro: Harper Collins Brasil, 2014, p. 11.

autoritário, em que só o pai tinha o poder de decisão, sem espaço para diálogo e demonstração de afeto e amor para com os filhos. O respeito do filho pelo pai era um valor moral obrigatório. Diante do fracasso deste modelo de sociedade familiar, desenvolveu-se a necessidade de atenção demasiada para a liberdade, que também não surtiu o efeito esperado em trazer o equilíbrio às relações. As pessoas tinham a liberdade para agir e dizer sem considerar que estavam lidando com outros seres humanos. A liberdade ascendeu juntamente à falta de respeito e de limites. Agora, inicia-se a busca de um novo núcleo social, no qual a autoridade e o respeito se fazem presentes, juntamente ao amor e ao limite. As crianças devem ser educadas diante do discurso aberto, amoroso e respeitoso. O "poder ou não poder fazer" deve ser empenhado diante da linguagem clara e compreensível. Para tanto, o diálogo precisa passar por um percurso de aprendizado constante. Deve-se ter atenção à inteligência socioemocional.

As pessoas deixaram de priorizar o desenvolvimento das habilidades de se comunicar, conversar, ouvir, auscultar e discursar. Essas inaptidões da civilização contemporânea que se prolonga na Era da Transformação Digital têm gerado um ambiente propício ao surgimento de desencontros que resultam em conflitos, atrelado, também, ao desenvolvimento do sistema capitalista[87], que fomentou o aumento das relações jurídicas e, por consequência, a possibilidade de presença do conflito. Reflexo dessa atitude é o significativo crescimento da litigância processual, em virtude, igualmente, [...] da persistência de uma cultura jurisdicional individualista calcada no paradigma do estado liberal.[88] Por conseguinte, a judicialização do diálogo tem submetido ao Estado

---

[87] THIBAU, Tereza Cristina Sorice Baracho; VASCONCELOS, Antônio Gomes; OLIVEIRA, Alana Lúcio de. **O processo coletivo e o acesso à justiça sob o paradigma do estado democrático de direito.** *Revista Eletrônica de Direito Processual REDP*, Rio de Janeiro, v. 17, n. 2, 2013, p. 68. Disponível em: <http://www.e-publicacoes.uerj.br/index.php/redp/article/view/8672/6569>. Acesso em: 13 ago. 2019.
[88] *Idem.*

questões de toda e qualquer natureza – seja o problema gerado no ato da compra de produto com defeito, da porta da casa do vizinho que desagradou em virtude de recente pintura na cor amarela, da professora que anulou a prova do aluno diante de fraude, do carro riscado pelo cadeirante, da decisão da matrícula da escola do filho, do muro que caiu e destruiu a casa do vizinho, da separação da entidade familiar e empresária, do motorista do transporte público que não parou no ponto de ônibus lotado de possíveis passageiros no horário de saída do serviço, dentre outros problemas. Andréa Pachá, juíza da Vara de Família no Rio de Janeiro-RJ, relata alguns casos interessantes na obra intitulada "A vida não é justa". Ela menciona um caso em que os pais delegam ao Estado a decisão da matrícula da escola da filha de nove anos: [...] delegar para o Estado a opção por escolhas íntimas e individuais não se constitui numa saída possível.[89] A autora reflete sobre a

---

[89] PACHÁ, Andréa. **A vida não é justa**. Rio de Janeiro:

justificativa que teria um jovem casal a levar tal questão ao Poder Judiciário, requerendo que a decisão fosse a substituição da autoridade dos detentores do poder familiar diante da [...] incapacidade de conversar, discutir, fazer escolhas.[90] Na visão da Juíza, [...] o cenário de uma sociedade infantilizada, sem capacidade para lidar com frustrações e contrariedades, sem autonomia para exercer a autoridade e impor limites, começara a se desenhar com frequência nos diversos processos que chegavam a cada dia.[91] A juíza encerra esse caso decidindo pela improcedência na expectativa [...] de que a negativa da justiça tenha sido o começo de uma comunicação mais eficiente entre os pais da menina. Muitas escolhas ainda serão feitas até que Eduarda chegue aos 18 anos. Não quis deixar espaço para que a justiça fosse chamada a decidir se ela podia ou não namorar o rapazinho que escolhera.[92]

Harper Collins Brasil, 2016, p. 81.
[90] *Idem*, p. 82.
[91] *Idem*, p. 82.

As pessoas não estão se comunicando adequadamente e, muitas vezes, nem se comunicando nas simples relações da cotidianidade. Reflexos da falta de comunicação ou da comunicação inadequada podem gerar danos irreparáveis nas relações sociais, profissionais e familiares. Daí a importância da linguagem na sociedade, com o intuito de propiciar uma compreensão e interpretação do Ser. É necessário o homem realizar uma pausa para o repensar da linguagem como modo de se entender, entender o outro, de se explicar e expressar, de conviver e existir. Conferir se o diálogo está perfeitamente entendido é uma necessidade. A linguagem na fenomenologia significa a mostração do próprio homem,[93] a abertura para si e para o mundo circundante. No pensamento, no discurso e no

---

[92] *Idem*, p. 84.
[93] HEIDEGGER, Martin. **Ser e Tempo.** Tradução e organização, nota prévia, anexos e notas de Fausto Castilho. Campinas, SP: Editora Unicamp; Petrópolis, RJ: Editora Vozes, 2012, p.119. (1ª reimpressão 2014).Título original: *Sein und Zeit.*

ouvir, a linguagem apresenta a existência do Ser. Por isso, deve ser expressa e entendida para o desvelar da melhor maneira.

O ser humano deve se reconhecer no seu dia a dia e na sua linguagem. Não precisa apenas seguir o que a sociedade dita como padrões de comportamentos para que seja, use, faça, trabalhe e se divirta da mesma maneira que todos, um padrão a ser seguido de suposto sucesso e felicidade. O impessoal, o modismo deve permanecer no seu lugar e ser aderido por aqueles que se sentirem conectados, contemplados pelos propósitos, mas não de modo a anular a pessoalidade.

Este é o exemplo do que ditam como ser humano multitarefado, bem visto por ser aquele totalmente ocupado, viciado em trabalho – *workholic* –, que não tem tempo livre para a família, amigos e nem para ele mesmo. Estes, quando simplesmente copiados, tornam-se o modo inautêntico de ser. Até onde a sociedade quer chegar com o automatismo das normas coletivas? É necessário o repensar na linguagem de outra forma.

Urge um outro modo de ver, de sentir, de perceber a linguagem e na linguagem. O homem se mostra por meio da linguagem, mas precisa perceber a sua mostração, o seu desvelar. Nas pequenas atitudes, pode-se perceber o automatismo, como em ao sair para o trabalho pela manhã, em que não há um sair consciente. Existe apenas um sair rotineiro. O homem como Ser-aí deve perceber seu estado de ânimo, o modo como anda, como enxerga o que o rodeia, os outros como algo que vem-de-encontro,[94] o sentir por ele mesmo.

Cada ser humano deve viver individualmente na sua essência e em seu mundo. Além disso, é preciso estar atento a ele mesmo, aos seus pensamentos, seus sentimentos e ao que lhe aparece como significação. É diante desta preocupação, da necessidade de aprofundamento do ser e de transformação do modo de viver que se torna necessário o "desacelerar" da vida e o retornar à consciente solidão, para, assim, destinar

---

[94] Idem, p.439.

a atenção e cuidado à linguagem como forma diferenciada de existir e conviver. Martin Heidegger, filósofo alemão, trouxe para a Filosofia um novo modo de entender a linguagem e o mundo. No entanto, de forma óbvia e clara, o ser humano, na Era da Transformação Digital, precisa desconectar-se das multitarefas e do mundo virtual para conectar-se à sua singularidade e voltar a perceber a sua linguagem na cotidianidade, na simplicidade de ser, existir e conviver.

3 LINGUAGEM COMO MORADA DO SER HUMANO

O ser humano é e significa o que representa a sua linguagem, já que a linguagem é a mais pura representação do que é o homem e [...] tem suas raízes na constituição existenciária da abertura do *Dasein* e, na sua essência, só ele tem a compreensão fidedigna do que representa a sua linguagem. Isso se dá por ser o Ser-aí único na sua historicidade.[95]

Ao pensar e ouvir a voz de suas reflexões, o homem reproduz o resultado desta operação por meio de palavras – o discurso. Quando exterioriza, o outro o ouve, ausculta com atenção interpretativa e tenta reproduzir aproximando ao máximo do real sentido do que foi inicialmente pensado – reprodução do entendimento. Nesse contexto, Megale explica que Lévinas cuida profundamente da linguagem, como hospitalidade, vendo o sujeito como hospedeiro.[96] A hospitalidade designa um modo de acolhimento, é a estrutura do modo de ser do ser humano, que, a partir daí, pode acolher a si mesmo, olhar para o outro e oferecer a

---

[95] HEIDEGGER, Martin. **Ser e Tempo**. Tradução e organização, nota prévia, anexos e notas de Fausto Castilho. Campinas, SP: Editora Unicamp; Petrópolis, RJ: Editora Vozes, 2012,p. 453. (1ª reimpressão 2014) .Título original: *Sein und Zeit.*

[96] MEGALE, Maria Helena Damasceno e Silva. **O induzimento como forma de violência e injustiça no processo juspolítico: a premência da educação, janela de esperança para a lucidez**. *Revista Brasileira de Estudos Políticos*, Belo Horizonte, v. 100, p. 173-216, Jan.-Jun. 2010.

compreensão. Isso porque a linguagem é onde o ser existe, onde ele se encontra, porque [...] linguagem é a casa do ser. Nessa habitação do ser, mora o homem.[97] Por isso, o homem deve cuidar da sua linguagem e não tratá-la como algo corriqueiro, superficial, sem valor, pois:

> A linguagem encontra-se por toda parte. Não é, portanto, de admirar que, tão logo o homem faça uma ideia do que se acha ao seu redor, ele encontre imediatamente também a linguagem, de maneira a determiná-la numa perspectiva condizente com o que a partir dela se mostra. O pensamento busca elaborar uma representação universal da linguagem. O universal, o que vale para toda e qualquer coisa, chama-se essência.[98]

---

[97] HEIDEGGER, Martin. **Carta sobre o humanismo** / Martin Heidegger. Tradução de Rubens Eduardo Frias. 2 ed. rev. São Paulo: Centauro, 2005, 89 p. Título original: *Lettre sur l'humanisme* .
[98] HEIDEGGER, Martin. **A Caminho da Linguagem**. Tradução de Márcia Sá Cavalcante Schuback. 5 ed. Petrópolis, RJ: Vozes, 2011, p. 7. Título original: *Unterwegs zur Sprache.*

A linguagem representa o ser na sua essência, que se exterioriza na comunicação como elemento destinado à compreensão dos seres humanos, seja pela linguagem verbal ou não verbal. [...] A linguagem é o ser-expresso no discurso.[99] O discurso mostrado para o mundo é extremamente importante na relação entre os seres. É por meio da fala que os homens se entendem e desentendem, se amam e odeiam. As pessoas revivem momentos do pensamento pela fala, expressam atitudes que não foram anteriormente verbalizadas, mas que, com a fala, se permitem o reviver da sensação que pode ser experimentada e analisada. Até mesmo no silêncio, na falta de palavras, o homem destina espaço para sobressair o ser em seu interior, a essência. Martin Heidegger explica que:

> [...] para pensar a linguagem, é preciso penetrar na fala da linguagem a fim de conseguirmos

---

[99] HEIDEGGER, Martin. **Ser e Tempo.** Tradução e organização, nota prévia, anexos e notas de Fausto Castilho. Campinas, SP: Editora Unicamp; Petrópolis, RJ: Editora Vozes, 2012, p. 455. (1ª reimpressão 2014).Título original: *Sein und Zeit.*

> morar na linguagem, isto é, na sua fala e não na de todos. Somente assim é possível alcançar o âmbito no qual pode ou não acontecer que, a partir desse âmbito, a linguagem confie o seu modo de ser, a sua essência, e conclui explicando que a linguagem é a morada do ser.[100]

O ser humano, desde o primórdio, aparece por meio da linguagem, da comunicação gestual, simbólica, escrita, oral; e as coisas, mediante a linguagem "mostrada". Assim vive o homem na comunidade ao se relacionar com o mundo. O mundo é tudo que ocorre, se encerra e desvela na linguagem, que apenas é compreendida inteiramente pelo próprio sujeito. Portanto, o mundo e a vida são pertencentes ao sujeito, constituem uma coisa só. Por mais fidedigna que seja a reprodução da linguagem, ela nunca

---

[100]HEIDEGGER, Martin. **A Caminho da Linguagem**. Tradução de Márcia Sá Cavalcante Schuback. 5 ed. Petrópolis, RJ: Vozes, 2011, p. 9. Título original: *Unterwegs zur Sprache.*

alcançará a sensação, os sentimentos e os significados que existiram no mundo da linguagem do emissor. O receptor poderá tentar chegar o mais próximo, todavia ele mesmo está inserido na cadeia de pré-conceitos que impedem a neutra compreensão. Não há como alcançar a empatia em patamar da sua totalidade. O tentar entender o que o outro sente não é o verdadeiro sentir íntimo do outro.

Heidegger entende o mundo no sentido da existência, da existência do Ser-aí:

> A essência do homem reside na ex-sistência. É esta ex-sistência que essencialmente importa, o que significa que ela recebe a sua importância do próprio ser, na medida em que o ser apropria o homem enquanto ele é o ex-sistente, para a vigilância da verdade do ser; inserindo-o na própria verdade do ser.[101]

---

[101] HEIDEGGER, Martin. **Carta sobre o humanismo** / Martin Heidegger. Tradução de Rubens Eduardo Frias. 2 ed. rev. São Paulo: Centauro, 2005, 89 p. Título original: *Lettre sur l'humanisme*.

Por isso a linguagem é o mundo do Ser-aí, o local em que o Ser-aí está, na sua essência, existindo. É o mundo como "aquilo em que" "vive" um Ser-aí factual como tal;[102] vive situações concretas da sua vida, e não apenas fatos despretensiosos. Logo, o mundo é o meio ambiente, público, doméstico do Ser-aí, sendo que um complementa o outro. A linguagem é a morada do ser, pois nela o mundo do ser se revela e se mostra. O mundo é o lugar onde a pessoa se encontra, vive, se apresenta, se mostra e se faz por meio da linguagem.[103]

Mesmo sozinho o Ser está inserido no contexto do seu mundo da linguagem, uma vez que, no simples ato de pensar, o homem se depara com a sua historicidade, com uma atitude que foi

---

[102] HEIDEGGER, Martin. **Ser e Tempo**. Tradução e organização, nota prévia, anexos e notas de Fausto Castilho. Campinas, SP: Editora Unicamp; Petrópolis, RJ: Editora Vozes, 2012, p. 203. (1ª reimpressão 2014).Título original: *Sein und Zeit.*

[103] HEIDEGGER, Martin. **Carta sobre o humanismo** / Martin Heidegger. Tradução de Rubens Eduardo Frias. 2 ed. rev. São Paulo: Centauro, 2005, 89 p. Título original: Lettre sur l'humanisme .

direcionada pelo pensamento que domina o inconsciente diante de um ensinamento que foi passado na infância para o Ser. A mensagem ficou sedimentada como pré-conceito e, automaticamente, é retomada diante de uma situação na qual será necessário acionar este pré-conceito para seguir em frente. A linguagem está presente na fala interior. Linguagem é o domínio, o local em que o pensamento e o discurso residem e se movimentam, na concepção de Heidegger.[104]

É importante ressaltar que a linguagem, para Heidegger, se expressa em todo pensamento. O homem fala à proporção que corresponde à linguagem. Corresponder é escutar. Ele escuta à medida que pertence ao chamado da quietude, explica Heidegger.[105] Com isso, a linguagem como

---

[104] HEIDEGGER, Martin. **O que é isso filosofia?: identidade e diferença.** Tradução de Emildo Stein. 3 ed. Petrópolis, RJ: Vozes, 2013b, p. 8. Título original: *Was ist das-die Philosophie?:identitat und differenz.*

[105] HEIDEGGER, Martin. **A Caminho da Linguagem.** Tradução de Márcia Sá Cavalcante Schuback. 5 ed. Petrópolis, RJ: Vozes, 2011, p. 26. Título original: *Unterwegs zur Sprache.*

morada do Ser corresponde ao mundo que ele reflete em pensamentos. A linguagem é o próprio Ser que se exterioriza. O outro deve estar aberto a essa linguagem.

A importância da linguagem nesta obra é demonstrar a análise da fenomenologia no processo de mediação como possibilidade de atuação do mediador diante da atividade hermenêutica, para perceber, por meio da linguagem, a essência do Ser-aí. A partir disso, será possível auxiliar as partes na construção do almejado acordo, localizar os interesses e as necessidades dos mediandos, resultando a conscientização destes sobre suas possibilidades de poder ser e agir. Não há como o mediador exercer sua função com excelência sem inserir a análise da mostração da linguagem com sensibilidade e empatia, buscando a neutralidade possível diante dos pré-conceitos advindos da sua própria historicidade, sendo essa a sua contribuição efetiva no procedimento de mediação.

4 A FENOMENOLOGIA DE HUSSERL E HEIDEGGER

É intrínseca ao homem a vontade de adquirir conhecimentos. Isso se dá em virtude da capacidade de pensar, raciocinar para sanar problemas e necessidade de interação entre o sujeito e o objeto a ser conhecido, disposto no meio ambiente.

O bebê, ao nascer e ser lançado no mundo, percebe que quando chora alguém vem ao seu encontro. Assim, com este novo conhecimento que sedimentou em seu interior, o bebê repetirá o choro quando desejar a presença de uma pessoa. Esse fato humano, por meio da experiência, do aprendizado e do conhecimento, é uma consequência do estímulo na busca do sobreviver, na sensibilidade e no entendimento. O homem é questionador e, ao visualizar algo além de si, percebe a necessidade de ir além e tentar entender e conhecer o que está à sua disposição.

Desde os primórdios dos tempos, o ser humano atuou com curiosidade, querendo saber, por exemplo, como era o objeto que estava ao seu alcance – uma pedra –, como poderia ser utilizada e onde era encontrada. Este sentimento investigativo, de pensar e perceber o que está à sua volta, fez com que o homem saísse de sua posição cômoda, originária e fosse além, à procura de respostas sobre as possibilidades de sobrevivência, como conhecer e explorar seu próprio alimento, criar e aprender a utilizar o fogo, entre outros que possibilitaram o desenvolvimento social, intelectual e cultural. Essas ações podem ser traduzidas como uma atividade hermenêutica. Assim, por meio dessa atividade, partiu-se do questionamento da origem e da transformação do mundo, o desenvolvimento do conhecimento humano, da razão e da ética, compreensão da verdade relacionada à fé, à dúvida e aos valores morais, perpassando pela análise da compreensão, interpretação, teoria do conhecimento e, para encerrar, a análise dos fenômenos – a hermenêutica fenomenológica.

Destarte, a fenomenologia é destinada aos seres humanos sensíveis ao amor, aos valores, como gratidão, solidariedade, gentileza, descoberta do outro, cuidado, preocupação. Estes se apresentam na contramão da vida inserida na Era da Transformação Digital, que é despida de qualquer tipo de sensibilidade, sendo um instrumento estanque e gélido. O pensamento nestes tempos indica até o seguir diante do que dita a Inteligência Artificial, sendo que, em muitas ocasiões, o ser humano vai sem perceber o caminho que está utilizando, seja virtual ou físico. Esse comportamento gera, inclusive, um outro diálogo, para o qual seriam necessários elementos que não estão contemplados na proposta desta obra.

A busca pelo conhecimento fenomenológico se fez por meio de uma atividade perceptiva, interpretativa e compreensiva, possibilitando o desenvolvimento do ser, utilizando-se da hermenêutica, com o escopo de tentar experimentar e perceber como é o estar e viver no mundo fenomenológico e da mostração.[106] Não basta apenas estar no mundo. É preciso poder ser no mundo com autenticidade. O fenômeno se mostra de vários modos, por várias manifestações, e o ser humano o percebe também em contextos diversos.

O conhecimento se faz naquilo que o sujeito consegue aprender a partir da sua experiência, pois o saber não pode ser transmitido como algo acabado. Portanto, deve sempre advir de uma reflexão do próprio ser humano, de acordo com as palavras proferidas pela professora Maria Helena Megale.[107] Isso porque o conhecimento deve ser adquirido mediante o pensar, o perceber, o vivenciar e o experimentar do homem, diante de

---

[106] HEIDEGGER, Martin. **Ser e Tempo**. Tradução e organização, nota prévia, anexos e notas de Fausto Castilho. Campinas, SP: Editora Unicamp; Petrópolis, RJ: Editora Vozes, 2012, p.119. (1ª reimpressão 2014).Título original: *Sein und Zeit*.

[107] As palavras da professora Maria Helena Megale foram retiradas das aulas ministradas no curso de pós-graduação da Faculdade de Direito da Universidade Federal de Minas Gerais – UFMG.

certa circunstância ou argumento ou tese. O conhecer é utilizado para sanar algum problema que surge no pensar, no raciocinar. Ao cogitar o conhecimento, o homem já está inserido nesta atividade cognitiva.[108] Previamente, podem existir aspectos conceituais que, ao perpassarem pela consciência humana crítica, pelo *cogitatio* do ser humano e mediante a atividade elaborativa, possam resultar em conhecimento. Este se perfaz por meio da sensibilidade que traz à tona a intuição. O resultado dessa operação é a sensação presente no fenômeno, pois [...] chama-se empírica aquela intuição que se refere ao objeto mediante sensação. O objeto indeterminado de uma intuição empírica denomina-se fenômeno [...].[109] Com isso, o fenômeno é [...] compreendido como manifestação da coisa mesma,[110] é o objeto em si, é a forma

---

[108] Husserl também analisa a cogitação como o primeiro passo para o conhecimento, ou, nas palavras do autor, o primeiro grau da consideração fenomenológica. HUSSERL, Edmund. **A ideia da fenomenologia.** Tradução de Artur Morão. Rio de Janeiro: Edições 70 Ltda., 1989, p. 22-23. Título original: *Die Idee der Phãnomenologie.*
[109] Idem, p. 71.

evidente como se mostra para a consciência do sujeito, que, contudo, tem a possibilidade de ter a sua experiência como atos da consciência, de acordo com Husserl. Este é o ponto central da fenomenologia de Husserl – a consciência.[111]

O fenômeno é algo que deve ser experimentado pelo ser humano, sendo necessário para o sentido, a percepção, o entendimento e o pensar, aliado aos conhecimentos adquiridos diante da historicidade.

A historicidade está presente na fenomenologia, com a importância de ser o referencial para o ser humano entender melhor o que acontece no presente com ele mesmo e com o outro. Por meio da historicidade, o homem se modifica a cada momento.[112] Ele pode ver a mesma

---

[110] ZAHAVI, Dan. **A fenomenologia de Husserl**. Tradução de Marco Antônio Casanova. Rio de Janeiro: Editora Via Verita, 2015, p. 81. Título original: *Die Phãnomologie Husserls*.
[111] Idem.

[112] HEIDEGGER, Martin. **Ser e Tempo**. Tradução e organização, nota prévia, anexos e notas de Fausto Castilho.

obra de arte em oportunidades distintas, e terá percepções diferentes, uma vez que ele já não é o mesmo como há um segundo. Portanto, a historicidade atua efetivamente na vida do ser. É relevante localizar onde se encontram os aspectos históricos na vida do homem, com o escopo de direcioná-lo a um futuro melhor e consciente por meio da compreensão.

Assim, a hermenêutica fenomenológica busca por parte do ser humano o entendimento do fenômeno de forma clara, ou seja, entender por meio da consciência como as coisas se mostram e aparecem para o ser, como Heidegger descreve pelo [...] estudo dos traços essenciais imanentes à consciência ou simplesmente como o estudo da experiência humana.[113]

Campinas, SP: Editora Unicamp; Petrópolis, RJ: Editora Vozes, 2012, p.425/426. (1ª reimpressão 2014).Título original: *Sein und Zeit.*
[113] ZAHAVI, Dan. **A fenomenologia de Husserl**. Tradução de Marco Antônio Casanova. Rio de Janeiro: Editora Via Verita, 2015, p. 83. Título original: *Die Phãnomologie Husserls.*

A fenomenologia teve início, efetivamente, com o filósofo alemão Edmund Husserl (1859-1938), de origem judaica, que começou seus estudos na Matemática e depois passou para a Filosofia e a Psicologia. Husserl era apreciador das ciências exatas, o que colaborou significativamente para ascender seu pensamento de que as ciências em geral eram imperfeitas, tendo em vista que se destinavam a repetições, às regras impostas, ao pensamento emprestado de outro e não criado pelo ser, com conceitos já definidos que não proporcionavam a criticidade. Husserl menciona que [...] os conhecimentos não se seguem simplesmente aos conhecimentos à maneira de mera fila, mas entram em relações lógicas uns com os outros, seguem-se uns aos outros, concordam reciprocamente, confirmam-se, intensificando, por assim dizer, a sua força lógica.[114] Uma pessoa pode não compreender um fenômeno por meio de uma

---

[114] HUSSERL, Edmund. **A ideia da fenomenologia**. Tradução de Artur Morão. Rio de Janeiro: Edições 70 Ltda., 1989, p. 40. Título original: *Die Idee der Phãnomenologie*.

simples repetição, visto que nesse contexto não há a utilização de atos de sua consciência, e sim apenas um realizar no âmbito automático do modo de ser. Diferente é o conhecimento científico universal, incluindo a ciência filosófica, que é rigorosa e reflexiva. Assim, diante de um problema matemático sobre fatorial, tem-se a regra imposta e criada para resolver a questão, sendo que o mesmo modo de raciocínio será utilizado em todos os casos referentes ao tema. Já em virtude de um problema de ordem familiar, por exemplo, diante da necessidade de pontuar o comportamento de um filho em relação a outro familiar por desrespeito, os pais, trazendo todos ao momento com criticidade e consciência, podem optar por apresentar um diálogo sobre sua atitude, ensinar a reconhecer o erro e pedir desculpas ou buscar outro modo de agir que possibilite a reflexão e, em seguida, a atitude advinda da reflexão. Assim, percebe-se que houve o pensar, refletir e uso da consciência e da criticidade.

Husserl entendeu, também, que a psicologia atrelada ao estudo da lógica não servia de base para o conhecimento universal, porque solucionava apenas a questão da objetividade, ou seja, a questão do alcance da realidade exterior diferente do sujeito, uma explicação científico-natural.[115] Desse modo, o filósofo alemão passou a dedicar seus estudos à Teoria do Conhecimento, voltado para a subjetividade e consciência. Esta vai além da mera experiência e busca alcançar o conhecimento perante o aprendizado e o constituir como transcendência. Nesse contexto, Husserl apresenta a fenomenologia do conhecimento e do objeto do conhecimento como parte primeira e fundamental da fenomenologia em geral.[116] Husserl compreende que o ser humano busca a clareza do que se apresenta, mediante a compreensão das possibilidades de apreender, ou seja, quer ter diante

---

[115] Idem, p. 25.
[116] MEGALE, Maria Helena Damasceno e Silva. **A Fenomenologia e a Hermenêutica Jurídica.** Belo Horizonte:Faculdade de Direito da UFMG, 2007, p. 13.

de si a essência de tal apreender e, assim, transformá-lo em algo perceptível, em dados, informações, por meio da redução fenomenológica. Considerando o fenômeno diante da consciência, o homem irá perceber uma determinada fruta através do seu cheiro, cor e tamanho, para, em seguida, voltar ao seu aspecto empírico e pensar se conhece ou não esse alimento. Esses aspectos da sensibilidade e percepção fazem parte da transcendência na fenomenologia. Importante ressaltar que o que fica evidenciado na consciência é o fenômeno. Esse modo é denominado como redução eidética, a qual parte do questionamento fundamental quanto à possibilidade de compreender o sentido das coisas, tendo em vista o fato de que a essência do objeto se perfaz na consciência, quando esta transcende ao objeto por meio do sentido e encontra-se o acessório. É a consciência que constitui algo como conhecimento primeiro e é tomada no puro ver do eu reflexivo. Para tanto, a consciência reconhece aquilo que ela própria dá a si como absoluto e indubitavelmente

dado, levando-se a cabo a evidência da *cogitatio*.[117]
Oliveira afirma que, [...] para Husserl, a compreensão do sentido das coisas é de grande relevância, já que coloca em perspectiva a própria essência da coisa e, para tal, tudo aquilo que não é o sentido da coisa deve ser deixado de lado. Não há interesse pelos fatos em si, mas pelo sentido que deles decorre.[118] É por isso que Husserl rejeita o conhecimento como mera repetição para primar pela necessidade de utilizar o *cogito* e chegar ao pensamento crítico. Não se pode mais aceitar tudo como certo e resoluto sem refletir, é necessário conhecer a essência e ter uma opinião para agir sobre. Insta ressaltar que esse ponto é primordial para que o Ser-aí mantenha sua autenticidade e pessoalidade diante da possibilidade de mostrar o

---

[117] *Idem*, p. 22.
[118] OLIVEIRA, Alfredo Emanuel Farias de. **Hermnêutica e fenomenologia: a via do pensamento. A Invocação da Justiça no discurso juspolítico.** Maria Helena Damasceno e Silva Megale (Org.). Belo Horizonte: Imprensa Universitária da UFMG, 2013, p.47.

resultado do seu pensamento e reflexão e deixar de fora o que não é da essência.

A fenomenologia é a ciência que está diante do fenômeno como algo que acontece e se relaciona com a consciência, mostra-se para a consciência, para a consciência do conhecimento. Portanto, o Ser deve extrapolar a transcendência para ir de encontro ao objeto do conhecimento, a essência. O conhecimento será realizado diante do esgotamento de todas as dúvidas, dos questionamentos solucionados e da reflexão crítica momentaneamente, então, findada. Assim, cada Ser terá o seu pensamento realizado e o seu conhecimento adquirido por meio da redução eidética do fenômeno. Megale afirma que:

> A reflexão impõe-se, é preciso olhar criticamente o mundo circundante, a natureza corpórea, os homens com seus eus, os animais, as instituições, todas as formas sociais e culturais, as quais, submetidas à reflexão, não são para mim um mundo existente, mas somente 'fenômeno ou existência' ou 'simples fenômeno', que perderam sua validade universal.[119]

O conhecimento aqui é destinado à análise subjetiva e não objetiva, visto que esta permeia [...] deduzir, calcular e induzir, bem como o inferir novas coisas, com fundamento a partir de coisas já dadas ou que valem como dadas.[120] O conhecimento é o resultado de um movimento de aprender diante da leitura do imanente, da consciência com o intuito de produzir algo novo que está à disposição do ser, o que Husserl assim denomina coisas mesmas que designa o objeto em si, como ele está disposto no mundo, na sua essência, enfim, coisa mesma que designa a evidência da consciência. Zahavi[121] afirma que, para Husserl, é preciso retornar às coisas mesmas,

---

[119] MEGALE, Maria Helena Damasceno e Silva. **A Fenomenologia e a Hermenêutica Jurídica.** Belo Horizonte: Faculdade de Direito da UFMG, 2007, p. 27.
[120] HUSSERL, Edmund. **A ideia da fenomenologia.** Tradução de Artur Morão. Rio de Janeiro: Edições 70 Ltda., 1989, p. 26. Título original: *Die Idee der Phãnomenologie.*
[121] ZAHAVI, Dan. **A fenomenologia de Husserl.** Tradução de Marco Antônio Casanova. Rio de Janeiro: Editora Via Verita, 2015, p. 77. Título original: *Die Phãnomologie Husserls.*

isto é, fundar teorias naquilo que se mostra por si mesmo e de fato aparece, ao invés de buscar o inconsistente no falatório, por exemplo.

Husserl é considerado o pai da fenomenologia, visto que, para ele, a interpretação dos fenômenos humanos visa entender estes e o mundo externo, as significações mostradas pelo fenômeno. Para Husserl, a fenomenologia do conhecimento e do objeto do conhecimento constituem as partes principais da fenomenologia em geral. Os homens vivem os fenômenos como pertencendo à trama da consciência, enquanto que as coisas aparecem como pertencendo ao mundo fenomenal. Nesse contexto, uma folha que está no chão não é considerada um fenômeno. Quando o ser humano volta para a visão da folha que está no chão por meio da sua consciência, tem-se, então, um fenômeno, pois a folha, para o homem, passou a ter um significado, seja como papel para ele escrever ou como instrumento de limpeza para conter o líquido que derramou. Logo, só se considera fenômeno o que está ao alcance da consciência.

Husserl, em 1884, teve a oportunidade de assistir às aulas de Franz Brentano e, assim, iniciou um importante estudo sobre a intencionalidade. Passou a dar atenção às experiências da consciência do Ser através de atos de percepção, imaginação, medo, amor ou de vontade. Para Husserl, a intencionalidade é o resultado da relação constitutiva do objeto intencional e o objeto real, efetivo.[122] Assim,

> Ser realmente efetivo, ser um objeto objetivamente existente, significa ter uma estrutura de aparição que segue determinadas regras, ou seja, ser dado para um sujeito de uma maneira determinada, com um determinado significado e validade; não no sentido de que o objeto só poderia existir, se ele faticamente aparecesse, mas no sentido de que sua existência está ligada com a possibilidade de tal aparição.[123]

---

[122] Idem, p. 65.
[123] *Idem*, p. 103.

A intencionalidade designa que há um movimento do objeto na consciência, [...] uma particularidade interna de certas vivências.[124] Intencionalidade é o caráter das relações puras e transcendentais da consciência com os seus objetos, relações que repousam sobre os atos mesmos de consciência.[125] É o momento de reconhecimento do homem perante o ato de consciência sobre o objeto intencional e o real. O ser humano é um ser pensante e esse pensamento está atrelado a um sentimento. Assim, a leitura desta frase neste momento está vinculada a um pensamento. O som da porta se abrindo escutado pelo Ser já está no pensamento. O transeunte, ao entrar no transporte público e se assentar na poltrona, olha para fora da janela e está pensando. O pensamento vai de encontro ao objeto que se mostra diante da consciência. O que foi pensado e vivenciado está diante da intencionalidade. Esta, por sua vez,

---

[124] CASANOVA, Marco Antônio. **Compreender Heidegger**. Petrópolis, RJ:Vozes, 2009, p. 42-43.
[125] *Idem*, p. 44.

também está vinculada à consciência que é de [...] existência autônoma, que dá sentido ao pensado por ela própria, livre de qualquer julgamento externo.[126] Assim, o transeunte, ao olhar pela janela do transporte público, observa as pessoas na rua. Está pensando sobre o que é mostrado, sobre a essência das coisas, sendo dele próprio o resultado desse pensamento. Não há nada e ninguém que possa interferir, intrinsecamente, naquele instante, na sua consciência pensante. O pensamento tem um significado para o ser, um sentido, um ato de intenção como resultado da percepção. Com isso, Megale explica que [...] a unidade intelectual dos atos dá-se, enquanto no pensamento ocorre a nomeação pelos atos de significar e também pelos atos de conhecer. O objeto visado vem a ser conhecido na percepção.[127] Husserl, então, entende como verdade o resultado da relação entre o objeto

---

[126] MEGALE, Maria Helena Damasceno e Silva. **A Fenomenologia e a Hermenêutica Jurídica.** Belo Horizonte:Faculdade de Direito da UFMG, 2007, p. 28.
[127] Idem, p. 31.

visado e a consciência que o percebeu. Tem-se assim a evidência do pensamento. A imaginação destina-se a manter uma semelhança de objetos e na percepção tem-se a identificação da coisa em si, do fenômeno puro.[128] Estes são elementos constitutivos da fenomenologia de Husserl.

Heidegger, que foi discípulo de Husserl, considera que o Ente é e o Ser existe - com isso, como modo de poder ser perante o mundo, como o poder ser se apresenta ao mundo existindo, bem como o modo que se faz da linguagem a sua morada,[129] como o seu próprio modo.

Heidegger analisa o conceito da hermenêutica não com o significado de traduzir, interpretar, e sim pelo comunicar. É a hermenêutica da "mostração", o ser que se mostra para. Assim, o estudo de Heidegger perpassa pela análise hermenêutica fenomenológica do ser humano no

---
[128] Idem, p. 41.
[129] HEIDEGGER, Martin. **Carta sobre o humanismo** / Martin Heidegger. Tradução de Rubens Eduardo Frias. 2 ed. rev. São Paulo: Centauro, 2005, 89 p. Título original: *Lettre sur l'humanisme*

mundo, dele com ele mesmo e para com os outros. O Ser só pode ser analisado como indivíduo, único e singular. O Ser só poderá chegar a uma conclusão sobre suas próprias características a partir do momento em que experimentá-las e vivenciá-las, por exemplo, a honestidade, a gratidão, o amor. Só ele poderá ter consciência do que será o amor para ele mesmo, em sua singularidade, como vivenciar o ser cada vez mais no amor. Não há possibilidade de a consciência de vivência do amor ser a mesma para duas pessoas. Com isso, Heidegger continua na perspectiva da hermenêutica da faticidade e da experiência, considerando que a hermenêutica:

> Tem como tarefa tornar acessível o ser-aí próprio em cada ocasião em seu caráter ontológico do ser-aí mesmo, de comunicá-lo, tem como tarefa aclarar essa alienação de si mesmo de que o ser-aí é atingido. Na hermenêutica configura-se ao ser-aí como uma possibilidade de vir a compreender-se e de ser essa compreensão. [130]

---

[130] HEIDEGGER, Martin. **Ontologia: hermenêutica da faticidade**. Tradução de Renato Kirchner. 2 ed. Petrópolis,

Na concepção de Heidegger, a hermenêutica visa à análise da faticidade, da busca pelo conhecimento do próprio ser no contexto da sua experiência, que se mostra no resultado da sua existência como experiência e enquanto ser para o mundo diante da concretude. O mundo é fático, pois torna os comportamentos possíveis perante algo que existe. O mundo fático parte da ideia de que a hermenêutica fenomenológica se dá meio à compreensão das vivências do ente, do sentido do Ser-aí ao existir na sua essência. O Ser só será ele a partir do momento em que estiver diante de um poder-ser si mesmo, do existir. Então ele existe a todo o momento, ele mesmo nas suas atitudes, ações, modos dele para com ele. Faticidade está direcionada à ideia de existencialidade. Não estão inseridos nesse contexto simples fatos. As experiências determinam o ser pelo modo como ele

---

RJ:Vozes, 2013a, p. 21. (2ª reimpressão março/2016). Título original: *Ontologie(Hermeneutik der Faktizitat)*.

vive os momentos diante dos horizontes históricos. A essência vai se juntando a partir da vivência individual na experiência originária histórica, que pertence somente ao ser, o qual segue no caminho da fenomenologia, existindo, abrindo-se para o mundo, movendo-se para fora no campo de sentidos históricos. Cada um vive a sua própria experiência no cotidiano, de modo único, sem teorias, explicações e conceituações.

A obra clássica de Heidegger é "Ser e Tempo", dividida em duas partes. Na primeira, Heidegger analisa o ente e seu modo de ser – que significa o Ser-aí –, visando ao conhecimento. Na segunda parte, denominada de reviravolta, o ser é a própria existência. Essa obra será utilizada com ênfase nesta metodologia inovadora de mediação. É o referencial teórico. Será analisada a fenomenologia nas relações entre as pessoas; a linguagem como forma do ser se mostrar para si mesmo e para o outro; a compreensão entre o mediador e mediandos no procedimento de resolução de conflito; a cotidianidade e os pré-conceitos; a desconstrução das verdades e a construção do acordo baseado nas possibilidades dos mediandos, retratando, assim, o estudo da fenomenologia como elemento importante na mediação.

Inicialmente, será abordada a análise fenomenológica da atuação do mediador no procedimento da mediação e a relação dos mediandos para, posteriormente, tratar dos aspectos do procedimento propriamente dito da Mediação Fenomenológica.

5 ANÁLISE FENOMENOLÓGICA DO MODO DE RESOLUÇÃO NA MEDIAÇÃO

A mediação constitui um importante instrumento autocompositivo de resolução de conflitos, para que a sociedade possa buscar, com o trabalho do terceiro interveniente, uma solução mais rápida e eficiente do que no processo tradicional, o judicial, refletindo também na melhoria da relação interpessoal. Nesse conceito não estão inseridas todas as informações que levem a uma noção do real alcance que essa metodologia representa na vida do ser humano e da construção da paz social. Para tanto, faz-se necessária a análise de outros elementos e fenômenos que representam a mediação como modo de aprender a viver na sociedade, resultando a potencialização da autonomia e aprendizado das habilidades de saberes.

Passemos a analisar elementos da mediação para melhor compreensão da temática proposta. Várias são as pessoas que participam em diversas funções do procedimento de mediação. Podem ser coordenadoras dos trabalhos – os mediadores, comediadores – ambos auxiliados pelo observador. Participam, também, aqueles que procuram pela utilização dessa metodologia – mediados ou mediandos – conforme ensinamentos de Fiorelli, Fiorelli e Malhadas Júnior[131], que designam

---

[131] FIORELLI, José Osmir; FIORELLI, Maria Rosa;

pessoas físicas ou jurídicas que se utilizam desse modo de solução de litígio, quando envolvidas em conflitos referentes a direitos disponíveis e indisponíveis, que tenham a necessidade ou desejo de chegar a um acordo. A mediação poderá ser utilizada tanto com intuito preventivo quanto para resolução do conflito com a finalização na redação do termo de acordo para posterior homologação pelo Poder Judiciário, conforme já analisamos nesta obra quando dialogamos sobre os aspectos legais da mediação.[132]

Insta esclarecer que, no processo judicial, os protagonistas são juízes, advogados e promotores. Porém, na mediação, o protagonismo é

MALHADAS JÚNIOR, Marcos Júlio Olivé. **Mediação e Solução de Conflitos: teoria e prática**. São Paulo: Atlas, 2008, p. 2.

[132] Vasconcelos explica que a mediação pode ser utilizada diante de conflitos que envolvam relações familiares, comunitárias, escolares, corporativas, entre pessoas que habitam, convivem, estudam ou trabalham nas mesmas residências, ruas, praças, clubes, associações, igrejas, bares, escolas, empresas, etc. VASCONCELOS, Carlos Eduardo de. **Mediação de conflitos e práticas restaurativas**. São Paulo: Método, 2008, p. 36.

dos mediandos. O foco central é auxiliá-los a aprender a realizar a melhor escolha para suprir seus interesses, diante de várias possibilidades elaboradas pelos próprios mediandos.

O terceiro interveniente, o mediador, tem a função de esclarecer, por meio da análise da linguagem, os pontos controversos, auxiliar as partes a compreenderem atitudes e falas e buscarem a interpretação na abertura do modo de ser do homem. Tem a função, também, de identificar os reais interesses que compõem a essência do conflito, bem como de afastar o litígio com o escopo de estimular a harmonização entre os participantes. Assim, auxiliará os mediandos a percorrerem uma desconstrução dos pré-conceitos advindos do passado e, consequentemente, a reconstrução das possibilidades para uma abertura maior à resolução eficaz do conflito. Com isso, [...] uma das atividades do mediador é derrubar a crença de certeza absoluta de vitória.[133] A

---

[133] SOUZA NETO, João Baptista de Mello. **Mediação em**

mediação não visa à derrota total de uma das partes, como ocorre em um "ringue de box" e de acordo com a negociação áspera.[134] É sim a composição de um acordo em que as necessidades de ambos os lados são consideradas. O mediador é um terceiro imparcial que atua como facilitador do diálogo e da composição do acordo por meio da identificação do problema em comum, do cerne da questão. Orienta os mediandos na contextualização e ampliação de alternativas para resolver ou prevenir o conflito e busca, com os envolvidos, soluções que atendam a todos. Desse modo, esclarece José Garcez:

> As partes, assim auxiliadas, são as autoras das decisões e o mediador apenas as aproxima e faz com que possam melhor compreender as circunstâncias do problema existente e a aliviar-se

---

juízo, abordagem prática para obtenção de um acordo justo. São Paulo: Atlas, 2000, p. 72.
[134] FISHER, Roger; URY, Willian; PATTON, Bruce. **Como chegar ao sim:** negociação de acordos sem concessões. Tradução de Vera Ribeiro e Ana Lúcia Borges.2 ed. Rio de Janeiro: Imago, 1994, p. 26. Título original: *Getting to Yes: negociating agreement without giving in*.

das pressões irracionais e do nível emocional elevado, que lhes embaraça a visão realista do conflito, impossibilitando uma análise equilibrada e afastando a possibilidade de acordo. [135]

Não é essencial que o mediador detenha conhecimento específico ou jurídico sobre o objeto do litígio, mas forçoso é reconhecer que, na ausência de acompanhamento por advogados das partes, tal faculdade auxilia na composição do acordo, posto que ele possa orientar melhor a etapa de criação de opções pelos mediandos. Por exemplo, quando mediador percebe que os mediandos estão buscando alguma alternativa não permitida pelo ordenamento jurídico, poderá indicar as partes a procurarem profissionais da área para verificarem informações sobre a legalidade do que pretendem, antes de elaborar as possibilidades. Com isso, evita-se que seja inserida alguma decisão

---

[135] GARCEZ, José Maria Rossani. **Negociação. ADRS. Mediação.Conciliação e Arbitragem.** 2 ed. Rio de Janeiro: Lúmen Júris, 2004, p. 39.

contra a legislação em vigor, visto que não cabe ao mediador opinar sobre a legalidade das possibilidades, pois sua função não é jurídica. Porém, quando possível, poderá suscitar a questão na mediação por meio de mera indicação da necessidade de ser melhor analisada pelos mediandos com auxílio de profissional da área jurídica.

É recomendável, também, que a função de mediador seja exercida por aquele que tenha conhecimento elementar dos institutos e metodologias que envolvem o procedimento de mediação. As técnicas auxiliam o mediador a sistematizar o procedimento, a dar uma ordem lógica e sequencial às etapas. Mas o mediador não poderá ficar adstrito aos aspectos conceituais e teóricos, pensando que apenas diante de sua certificação que foi deferida irá credenciá-lo a conduzir ao sucesso de uma mediação. Ler os princípios e regras do Regulamento de Mediação, que deve ser assinado pelos mediandos no início do procedimento, questionar quais os pontos controversos devem ser analisados e realizar perguntas abertas a fim de procurar conduzir as partes rumo ao acordo não é o bastante. Para que a mediação possa surtir os reais efeitos, o mediador deve extrapolar a função técnica. É necessário que o mediador tenha sensibilidade, [...] que é a percepção sutil do invisível[136], para orientar os mediandos na análise dos motivos que originaram o conflito e das possibilidades de resolução. O mediador deverá auxiliar os mediandos na compreensão das questões que permeiam o conflito através do restabelecimento da comunicação entre as partes, analisando os benefícios mútuos que advirão do possível acordo. Deve procurar agir com sensibilidade, atuando com acolhimento, amor e empatia, atento à fala e ao modo como os mediandos estão se portando no procedimento.

Cabe também ao mediador motivar as partes a buscarem a melhor solução para cada um

---

[136] WARAT, Luis Alberto. **O ofício do mediador**. Florianópolis: Habitus, 2001, p. 30.

dos mediandos. O exercício da função do mediador com esmero é primordial para o sucesso da potencialização da autonomia e aprendizado de habilidades de saberes por parte dos mediandos.

Durante o desenvolvimento dos trabalhos, o mediador pode ser auxiliado pelo comediador. Ambos atuam na mesa de mediação, mas o mediador tem uma função mais ativa de investigar e auxiliar os mediandos. O comediador atuará no momento em que verificar, por exemplo, que algum assunto deva ser melhor explorado ou analisado ou mesmo quando tiver alguma dúvida sobre o assunto abordado. É uma função de auxílio e complementação para com o mediador.

Pode também estar presente na reunião ou sessão de mediação outra pessoa, que é o observador. Como a própria palavra indica, este tem a função de observar a atuação do mediador, do comediador e dos mediandos. Com isso, o observador auxiliará os intervenientes por meio de contextualizações que impliquem em fornecer esclarecimentos ou pontos importantes, que transcenderam o entendimento do mediador e do comediador. Não é sempre que o observador está no procedimento da mediação, mas, sempre que possível, a sua atuação auxilia nos trabalhos. Aquele que olha de fora do contexto tem a percepção, a visão ampliada.

Assim, é formada uma mesa de trabalho de mediação. Os mediandos solicitam para um mediador uma Câmara de Mediação ou mesmo ao Poder Judiciário a instauração do procedimento de mediação diante de alguma dificuldade de relacionamento ou na existência de um conflito. São escolhidos pelas partes ou definidos pela instituição os profissionais que atuarão na função de mediador, comediador e observador(es), conforme a necessidade e disponibilidade, bem como conforme análise dos aspectos financeiros – capacidade econômica das partes e valor da demanda.

Por ser um procedimento de adesão voluntária e para que a mediação tenha o resultado esperado, é necessário que os mediandos estejam dispostos a participar do processo. Eles devem estar abertos e, de forma empática, acreditarem na mediação como oportunidade de crescimento, de potencialização da autonomia e aprendizado das habilidades de saberes. Por isso é tão importante o modo como o mediador atuará motivando as partes e esclarecendo pontos controversos, através da identificação dos reais interesses das mesmas, observando suas atitudes, compreendendo, interpretando e explicando a linguagem utilizada pelos mediados. O mediador deverá zelar pela relação interpessoal das partes, abstraindo-se do foco do problema e detendo-se à utilização da hermenêutica fenomenológica para desfazer as verdades interiores e perceber as necessidades dos mediandos. Dessa maneira, auxiliará as partes na restauração da convivência e na construção do almejado acordo.

    Insta esclarecer, também, que a mediação se constitui de um processo não adversarial e é uma oportunidade de aprendizado e melhoria do relacionamento entre as pessoas. Esse benefício não está limitado apenas aos que procuram a mediação como forma de resolução de conflitos, mas igualmente aos que conduzem esse procedimento. Todos que participam da mesa de mediação podem aprender e obter conhecimentos durante o desenvolvimento da metodologia. O percurso pedagógico, educacional, pertence a todos. Esses conhecimentos não se resumem a questões dogmáticas. Estão inseridos, também, no modo de se relacionar e compreender a si mesmo e ao outro diante de várias situações.

É muito fácil terceirizar a culpa, destinar ao outro e se livrar de qualquer imputação. Será que a culpa é do outro ou será que existe culpa de alguém? Qual foi o sentimento que aflorou no Ser diante da atitude do outro? Com o passar dos anos, as pessoas continuaram com o mesmo modo de ser ou mudaram conforme a rede referencial? Esses questionamentos levam as pessoas envolvidas na mediação a refletirem e, assim, a verificarem conclusões sobre a sua própria vida, a do outro e o modo de se relacionar. Esta é a oportunidade de aprendizado que resulta consequências para além do procedimento, para além dos mediandos e com mudança de paradigmas, de comportamentos que refletirão no modo de vida futura. Este é o grande aspecto positivo da Mediação Fenomenológica na sociedade para a construção da paz – a mudança e melhoria do modo de conviver das pessoas. Diante de pessoas 'multitarefadas' da sociedade capitalista, é importante a apresentação de uma nova forma de conviver e resolver conflitos, a partir do modo de ser e de viver na cotidianidade sem julgamentos, sem culpas, com a compreensão dos fenômenos presentes na mundialidade.

O objetivo desta obra é demonstrar que a finalidade precípua da mediação não é a concretização do acordo entre as partes. É a potencialização da autonomia e o aprendizado de habilidades de saberes por meio da utilização da hermenêutica fenomenológica, diante da forma diferenciada de lidar do Ser-aí, do Ser-no-mundo do conflito e do Ser-com, da análise do sentimento, da desconstrução e reconstrução nas relações entre pessoas. Adriana Orsini afirma que:

> Por meio de uma tradição dialógica da mediação, os envolvidos em conflitos poderão realizar, com frequência, a escuta empática e o exercício da alteridade, nos quais cada um reconhece e legitima o lugar do outro, gerando processos de intercompreensão para o alcance de objetivos comuns e para a ressignificação da relação continuada dos mediandos, preparando-os para lidarem com conflitos futuros de forma cooperativa, e não destrutiva.[137]

Portanto, passa-se ao estudo da linguagem com o intuito de reconhecer os reflexos desse contexto na mediação.

---

[137] ORSINI, Adriana Goulart de Sena; SILVA, Nathane Fernandes da. **Entre a promessa e a efetividade da mediação: uma análise da mediação no contexto brasileiro**. *Revista Jurídica da Presidência Brasília*, Brasília/DF, v. 18, n. 115, p. 331-356, Jun.-Set. 2016.

6 A LINGUAGEM NO PROCEDIMENTO DE MEDIAÇÃO

As pessoas, às vezes, realizam alguns gestos de maneira inconsciente, mas que, na leitura corporal, refletem a mais pura realidade da situação íntima do ser. Por meio da cinesia, Weil e Tompakow[138] explicam que a interpretação corporal dos gestos e atitudes se faz possível mediante a linguagem corporal, em que a linguagem aparece como um instrumento de expressão e está a serviço do pensamento, de acordo com Heidegger.[139] Os gestos inconscientes apresentam relação com as situações íntimas do indivíduo.[140] Quando se observa a feição de um

---

[138] Cinésia é a ciência que estuda o significado dos gestos e atitudes do homem. WEIL, Pierre; TOMPAKOW, Roland. **O corpo fala: a linguagem silenciosa da comunicação não verbal.** 71 ed. Petrópolis, RJ: Vozes, 2013, p.21.
[139] HEIDEGGER, Martin. **O que é isso filosofia?: identidade e diferença.** Tradução de Emildo Stein. Petrópolis, RJ: Vozes. 3 ed.,2013b, p. 33. Título original: *Was ist das-die Philosophie?:identitat und differenz.*
[140] WEIL, Pierre; TOMPAKOW, Roland. **O corpo fala: a linguagem silenciosa da comunicação não verbal.** 71 ed.

homem, pode-se perceber o seu estado de espírito, seu modo de ser interior, o seu modo de sentir naquele momento. O ser humano se mostra, também, por meio da percepção da respiração da bradipneia, mediante a diminuição dos movimentos do pulmão ou da taquipneia, com o aumento da frequência pulmonar. Assim, nota-se, na simples observação da linguagem, o estado emocional do Ser.

A cultura e os costumes nos quais o homem está inserido são de suma importância para a compreensão do mundo circundante. O ocidental dá mais ênfase à linguagem do rosto. A comunicação da expressão do olhar, as sobrancelhas levantadas ou abaixadas transmitem várias mensagens. O oriental analisa o conjunto, o corpo como um todo.[141] Para eles, o corpo fala por meio da postura, do ombro ereto, do compasso das pernas ao caminhar, da mão fechada no momento

---

Petrópolis, RJ: Vozes, 2013, p. 15.
[141] *Idem*, p. 34.

de tensão, o corpo inclinado para trás mostrando desconfiança, entre outros.

Além dos aspectos culturais, deve-se levar em consideração o meio no qual o ser está inserido. Cada ser humano carrega sua historicidade, sua rede referencial, seu horizonte hermenêutico histórico. Esses momentos vão se acumulando, como se fossem crostas incorporando no Ser e formando os pré-conceitos.[142] Tais concepções preestabelecidas são de extrema importância para que possa auxiliar o Ser a lidar com o seu dia a dia e não devem ser levadas em consideração para impedir que tenha vivências livres, como um cerceamento da possibilidade de compreensão até mesmo do outro. É necessário voltar para o Ser, olhar para dentro dele, a fim de conhecê-lo diante do que ele mostra. O Ser se mostra por meio do

---

[142] HEIDEGGER, Martin. **Ser e Tempo.** Tradução e organização, nota prévia, anexos e notas de Fausto Castilho. Campinas, SP: Editora Unicamp; Petrópolis, RJ: Editora Vozes, 2012, p.425/426. (1ª reimpressão 2014).Título original: *Sein und Zeit.*

discurso, que é a articulação da entendibilidade composta de significados. As significações dão origem às palavras, e, por isso, [...] a linguagem é o Ser-Expresso do discurso.[143] O Ser se reconhece no discurso do seu pensamento e da sua linguagem. É necessário o Ser ter consciência do seu discurso, dos seus pré-conceitos e dos seus limites na relação consigo e com o outro.

Cumpre destacar que, para Heidegger, o Ser somente é Ser porque é em si mesmo identidade[144] e diferença. O Ser é aquele que habita no íntimo do humano e é interpretado pela sua identidade, composta por seus pré-conceitos.

Para entender a linguagem do outro, deve-se dar atenção à escuta, realizar uma ausculta com abertura dócil na procura da correspondência do

---

[143] Idem, p. 455.
[144] Heidegger define a identidade como o relato consigo mesmo, é uma relação com. HEIDEGGER, Martin. **O que é isso filosofia?: identidade e diferença**. Tradução de Emildo Stein. 3 ed. Petrópolis, RJ: Vozes, 2013b, p.39. Título original: *Was ist das-die Philosophie?:identitat und differenz.*

Ser, responder com o íntimo do Ser. Deverá realizar a destruição das verdades interiores.[145]

A escuta ativa ou escutatória constitui função de extrema importância no contexto da mediação. Não há o que se falar em compreensão do outro se não houver uma ampla escuta, aberta para o real sentido da sua fala. A escuta está inserida no ouvir, no poder-ouvir. O escutar, o auscultar destina-se a um ouvir entendedor, pois, ao prestar atenção e ouvir, haverá o consequente entendimento da linguagem. Assim:

> A conexão do discurso com o entender e com a entendibilidade se torna clara a partir de uma possibilidade existenciária do discurso ele mesmo, a saber, a partir do ouvir. Não é por acaso que, ao não ouvir 'direito', dizemos não 'ter entendido'. Para o discurso o ouvir é constitutivo. E assim como a prolação verbal se funda no discurso, a percepção acústica também se funda no ouvir. [...] Discorrer e ouvir se

---

[145] Para Heidegger, a destruição significa: abrir nosso ouvido, torná-lo livre para aquilo que na tradição do ser do ente nos inspira. Mantendo nossos ouvidos dóceis a esta inspiração, conseguimos situar-nos na correspondência. Idem, p. 27.

> fundam no entender. Esse não é gerado nem de muito discorrer, nem de um laboroso ficar ouvindo por aí. Só quem já entende pode ouvir.[146]

Não é só exercer a função de ouvir, mas sim tentar entender o que levou o outro a pronunciar aquelas palavras, qual era o contexto, o sentimento, as percepções. Assim, ver e ouvir são sentidos da linguagem cotidiana que devem ser ressaltados para permitir o mediando sair da circunvisão e perceber além daquela relação naquele instante e, desse modo, entender o que o outro está sentindo, dizendo, e qual o significado de sua atitude. Ver e ouvir são sentidos de distância:

> [...] daí que nosso ouvir e ver vá de pronto além do 'mais perto' segundo a distância. Se ver e ouvir são sentidos-do-longe, não o são sobre o fundamento de seu alcance, mas porque o *Dasein* como des-afastante se detém

---

[146] HEIDEGGER, Martin. **Ser e Tempo.** Tradução e organização, nota prévia, anexos e notas de Fausto Castilho. Campinas, SP: Editora Unicamp; Petrópolis, RJ: Editora Vozes, 2012, p.461,463. (1ª reimpressão 2014). Título original: *Sein und Zeit*.

> preponderantemente neles. Para quem, por exemplo, usa óculos, estes estão tão perto segundo a distância, já que os 'tem no próprio nariz', pois como instrumento de emprego estão no mundo-ambiente mais longe do que uma figura exposta na parede da frente. Esse instrumento não está tão perto, já que ele frequentemente não pode sequer ser encontrado de imediato.[147]

Muitas vezes o homem procura seus óculos que estão à sua frente, em pleno uso, mas que, em um primeiro momento, não foram percebidos. Os óculos estavam invisíveis diante do visível e distantes diante do tão perto. É preciso estar aberto para ver e ouvir, entender o óbvio e perceber atitudes cotidianas como se fossem inéditas.

É importante analisar, também, o meio ambiente de origem do ser humano, para, então, compreendê-lo. O Ser-aí, quando se distancia, consegue enxergar o que está ao seu redor. O olhar do visto de cima amplia o foco para o todo. O

---

[147] Idem, p.313.

mediador deve auxiliar as partes neste exercício de afastamento do seu mundo ambiente. Ao retornar, o mediando pode [...] ser encontrado quanto ao seu lugar próprio.[148] É preciso se afastar para poder enxergar o contexto que o rodeia e ao retornar poder arrumar[149] o espaço de forma coerente. Somente porque o Ser-aí se afasta, porque tem esta liberdade de ser jogado na mundialidade, é que poderá entender o que significa, o que está ao seu redor na espacialidade, no seu mundo, no seu meio ambiente ocupado.

Outro aspecto importante é o fato de o mediador estar atento à fala dos mediandos para conseguir compreender, de forma mais próxima possível, o que representa a linguagem desvelada pelas partes. É necessário trazer à tona que a pré-compreensão e os pré-conceitos que pertencem ao mediador devem ser utilizados com parcimônia na

---

[148] Idem, p.317.
[149] Para Heidegger o arrumar significa 'dar-espaço', por em liberdade o utilizável em relação a sua espacialidade. Idem, p. 323.

mediação para não macular o procedimento, evitando-se inserir no contexto aspectos íntimos do mediador, que não fazem parte do contexto, da história apresentada pelas partes. É importante o mediador manter-se o mais próximo possível da neutralidade.

Megale afirma que o hermeneuta deve compreender regido por um tipo de racionalidade, para que possa buscar a verdade[150] em todas as fontes de expressão do ser humano.[151] O mediador deve pretender entender as posições das partes analisando a linguagem, mantendo-se na imparcialidade sempre que possível e agindo com prudência para alcançar a argumentação com lealdade e respeito. O mediador não tem a função de agir pelas partes. Ele conduzirá o procedimento de forma a auxiliá-las na identificação dos

---

[150] É importante esclarecer que a verdade aqui reportada refere-se ao ambiente como verdadeiro, legítimo para cada ser humano, e não a verdade de modo estanque, absoluto.
[151] MEGALE, Maria Helena Damasceno e Silva. **A Compreensão Virtuosa do Direito: Reflexão sobre a Ética na Hermenêutica Jurídica.** *Revista Brasileira de Estudos Políticos*, Belo Horizonte, v. 97, p. 71-104, Jan.-Jun. 2008.

interesses, das necessidades, partindo dos argumentos por elas apresentados. Para tanto, o mediador deve ter consciência dos seus pré-conceitos e deixá-los de lado ao se propor a escutar o depoimento das partes. É sabido que não há como falar de imparcialidade ou neutralidade total de qualquer ser humano diante da relação humana, mas conscientemente é possível agir na escuta ativa e tentar contextualizar com fidedignidade o que o outro quis dizer. Agindo assim, o mediador estará buscando a assertividade de sua atuação durante o procedimento.

Para tanto, é necessário tentar conhecer o outro e legitimar seus sentimentos. Diante deste zelo, as partes terão maior confiança para lidar com a mediação.

Faz-se necessário ressaltar que, para tentar o melhor entendimento da postura e fala da outra parte, o mediador poderá utilizar com os mediandos o modo de se colocar no lugar do outro, visando ao ato de tentar reconhecer, no meio ambiente do mediando, sua linguagem, os sentimentos que o levaram a agir nas situações em questão – a alteridade é o perpassar ao processo de busca da correspondência que deve ser utilizada na mediação.

6.1 LINGUAGEM NA PRÉ-MEDIAÇÃO

A primeira fase da mediação denomina-se pré-mediação. Tem como objetivo principal criar o laço da confiança e credibilidade entre o mediador e os mediandos. É também destinada a explicar às partes como o procedimento será realizado, quais os princípios e as regras, apresentar quem serão as pessoas que irão trabalhar como mediador, comediador e observador e suas respectivas funções, bem como definir os honorários, conforme Resolução nº 271 de 2018 do Conselho Nacional de Justiça.[152] Para o desenvolvimento satisfatório

---

[152] BRASIL. Conselho Nacional de Justiça. **Resolução nº. 271 de 11 de dezembro de 2018.** Disponível em: <http://www.cnj.jus.br/atos-normativos?documento=2780.>.

da metodologia, faz-se necessário que a pré-mediação seja realizada com esmero. Como é o primeiro contato das partes interessadas com as pessoas que possivelmente trabalharão no procedimento, o modo de desenvolvimento desta reunião irá repercutir nas demais. É o momento de sensibilização das partes para que possam compreender o procedimento de que estão prestes a participar. O medo, a resistência estão diante do escuro, do incerto e desconhecido. Por isso é tão importante esta etapa e, muitas vezes, pode-se dizer, até definidora do percurso a ser seguido pelos participantes.

Impende destacar que as partes devem ter ciência de que se trata de um procedimento voluntário e, por isso, poderá ser encerrado a qualquer momento, caso assim desejem os mediandos. O dizer sim para a mediação vai além da simples emissão de palavras. É o dizer estar aberto, querer colaborar, contribuir para o bom

---

Acesso em: 19 ago. 2019.

andamento dos trabalhos. De nada adianta dizer sim e se fechar para as possibilidades que se abrem na autocomposição.

A desistência da mediação antes de se concretizar o acordo pode gerar, a princípio, um sentimento de impotência no mediador, como se ele não tivesse desenvolvido da melhor forma a sua função. Contudo, é importante ressaltar que os objetivos da mediação explanados nesta obra envolvem a potencialização da autonomia e aprendizado das habilidades de saberes. Portanto, mesmo antes de iniciar a etapa de elaboração dos termos do acordo, caso as partes entendam por encerrar a mediação, deve-se analisar se os objetivos acima citados foram alcançados. Caso afirmativo, o mediador deve entender que o procedimento foi satisfatório, em virtude de sua atuação, da participação dos mediandos e sucesso na aplicação desta metodologia. Às vezes é necessário respeitar o tempo, ter uma pausa para que as pessoas acomodem algumas questões de foro íntimo, para posteriormente conseguirem lidar com o conflito. O importante é o aspecto pedagógico da potencialização da autonomia e aprendizado das habilidades de saberes.

Outro aspecto importante se refere ao local no qual será realizada a mediação, bem como o modo como as pessoas serão acolhidas. O local deve ser antecipadamente verificado pelo mediador, para que confira a iluminação e ventilação, a organização da sala e disposição correta dos lugares, de forma que as partes consigam facilmente ver uma à outra e, caso estejam acompanhadas de advogados, estes fiquem cada qual na extremidade, ao lado do seu cliente. Geralmente, realiza-se a mediação no entorno de uma mesa redonda, mas, caso não seja possível, poderá ser em outro local. Entretanto, a posição dos mediandos, um ao lado do outro, deverá ser mantida. A linguagem visual será a primeira a ser contextualizada e deve gerar boa impressão, e, por isso, deve-se contribuir para a formação do meio ambiente harmônico, confiável, colaborativo e tranquilo.

O Conselho Nacional de Justiça, órgão de referência do Poder Judiciário na capacitação em mediação de conflitos, indica a necessidade do prévio conhecimento por parte do mediador sobre o caso, antes de convidar as partes para o início da reunião do procedimento de pré-mediação. É preciso que o mediador saiba do que se trata. Recomenda-se que seja feita uma leitura do processo ou do relato das partes, para ter ciência do assunto a ser trabalhado. Esse conhecimento deve ser o bastante para ter uma noção elementar do caso, sem aprofundar em detalhes. Isto se dá em virtude de suscitar preconceitos e prejulgamentos que podem, inclusive, atrapalhar ao interferir no entendimento pelo mediador da linguagem verbal e não verbal dos mediandos e, com isso, gerar até mesmo preconceitos. Por isso, o mediador deve realizar uma leitura rasa, apenas saber quem são as pessoas que estarão na mesa de mediação e qual o principal motivo que as levou a estar ali – o cerne do conflito –, como direito de família, empresarial, locatício, bancário, comunitário, possessório, entre outros. Os maiores detalhes serão abordados durante as reuniões de mediação. Assim, o mediador terá oportunidade de explorar e conferir o entendimento de todos em todas as circunstâncias.

Cumpre acrescentar outra questão de relevância que deve ser tratada: a historicidade. Cada ser humano possui a sua vivência e nela insere elementos de compreensão. Ao se deparar com outras realidades que vêm ao encontro do mediador, este utiliza sua vivência para a contextualização da verdade do outro. Casanova explica que, para Heidegger, a vivência aparece inicialmente como um ponto de conexão do singular com esse mundo fático, constitui a base dos processos compreensivos das ciências humanas.[153]

Heidegger considera a historicidade, que constitui as vivências, inserida no Ser-aí, de tal

---

[153] CASANOVA, Marco Antônio. **Compreender Heidegger**. Petrópolis, RJ:Vozes, 2009, p. 37.

modo que o passado orienta e acompanha o ser no presente e no futuro:

> O *Dasein,* em seu ser factual, é cada vez como já era e "o que" já era. Expressamente ou não, ele é seu passado. E não no sentido de que seu passado como que desliza "atrás" dele, possuindo ele o passado como se fosse uma propriedade subsistente que por vezes volta a ter efeito sobre ele. *O Dasein* "é" seu passado no modo de seu ser, o qual, para dizer rudemente, 'se gesta" cada vez a partir de seu futuro. Em cada modo de ser que lhe é próprio e, portanto, também no entendimento-de-ser que lhe é próprio, o *Dasein* ingressa numa interpretação-do-*Dasein.* Que lhe sobrevém e na qual ele cresce.[154]

A historicidade é inerente ao Ser-aí e, como pertence ao passado, é apenas um indicativo para análise dos interesses e necessidades, sem

---

[154] HEIDEGGER, Martin. **Ser e Tempo.** Tradução e organização, nota prévia, anexos e notas de Fausto Castilho. Campinas, SP: Editora Unicamp; Petrópolis, RJ: Editora Vozes, 2012, p.81. (1ª reimpressão 2014). Título original: *Sein und Zeit.*

influenciar no futuro. É uma base que servirá de contexto para avaliar o presente.

A fenomenologia no pensamento de Heidegger contém referências importantes para a descrição da compreensão, em geral, da subjetividade, historicidade e tradição, nas palavras de Megale.[155] Na mesa de mediação, estão várias pessoas: mediador, comediador, mediandos e, talvez, os observadores. Cada uma delas carrega sua historicidade e seus horizontes hermenêuticos de pré-conceitos. Megale afirma que se deve ter cuidado com os pré-conceitos, porque aquele que não os abandona, age na ignorância. Os pré-conceitos estão presentes no julgamento tomado com parcialidade. O julgador deve prestar atenção em si mesmo durante o processo compreensivo.[156]

---

[155] MEGALE, Maria Helena Damasceno e Silva. **Introdução à Ontologia Heideggeriana e ao meio ambiente: Abertura do ser para o infinito da existência com o outro.** *Revista Brasileira de Estudos Políticos.* Belo Horizonte, v. 99, p. 209-228, Jul.-dez. 2009.
[156] MEGALE, Maria Helena Damasceno e Silva. **A Compreensão Virtuosa do Direito: Reflexão sobre a Ética na Hermenêutica Jurídica.** *Revista Brasileira de Estudos Políticos*, Belo Horizonte, v. 97, p. 71-104, Jan.-Jun. 2008.

Portanto, o mediador deve ter a máxima abstenção possível de pré-conceitos, atento, até mesmo, à sua postura, sem apresentar qualquer manifestação com movimentos de concordância com a cabeça ou, mesmo, olhar repressivo ou aprovador ao escutar o depoimento das partes. Esse comportamento deve se estender a todos que trabalham na equipe de mediação, para demonstrar a mais alta imparcialidade possível. Assim, a neutralidade também deve estar presente no modo de expressar da linguagem.

Para início dos trabalhos, o mediador deve receber os mediandos com uma acolhida positiva para que as partes se sintam valorizadas e respeitadas. Deve proporcionar um ambiente para a mediação, no qual os mediandos se sintam seguros e humanamente confortáveis. Dessa maneira, os mediandos entendem que podem ficar tranquilos naquele momento e destiná-lo à resolução da questão.

Diante da análise da importância da acolhida na mediação, Weil e Tompakow[157] discorrem sobre os princípios da Teoria da Percepção Humana. Os autores descrevem a comunicação emitida e alcançada conscientemente por meio do olhar e da comunicação manifestados inconscientemente, por exemplo, quando uma pessoa cruza os braços diante de uma determinada situação, indicando recusa ou negação. Acrescentam, ainda, o entendimento de que o que interessa é agir com praticidade; fazer com que as pessoas se entendam melhor, com mais clareza e sucesso. O mundo está carente disso. Cabe ao mediador verificar, diante da simples observação da linguagem corporal, como os mediandos estão neste momento. A leitura corporal é vista como um modo de se expressar e de lidar com. Por isso, cumpre reforçar a importância do mediador, no exercício de sua função, em ir além do tecnicismo dos manuais.

---

[157] WEIL, Pierre; TOMPAKOW, Roland. **O corpo fala: a linguagem silenciosa da comunicação não verbal**. 71 ed. Petrópolis, RJ: Vozes, 2013, p. 90/92.

O princípio da igualdade das partes também está inserido no procedimento de mediação. O mediador deve realizar o tratamento igual para estimular o equilíbrio entre os mediandos, especificamente, na acolhida, bem como considerar que está lidando com seres humanos. Da mesma forma e proporção que se dirige, recepciona uma parte, deve-se fazer com a outra.

Demonstrar às partes que todas elas são importantes naquele contexto é uma excelente iniciativa. Nessa fase, é propício dizer a elas sobre a magnitude da postura em estarem conscientemente presentes no procedimento e abertas para a resolução alternativa do conflito.

Como os mediandos devem querer participar da mediação, visto que é um procedimento de caráter voluntário, faz-se necessário que o mediador os auxilie na abertura de sentimentos para o procedimento. A necessidade de estar aberto a esse procedimento deve permanecer, mesmo diante do sentimento de oposição entre as partes. O mediador deverá incentivá-las a pensar sobre essa necessidade e sobre a mediação, como uma possibilidade de aprendizado. Fogel explica que:

> [...] A necessidade precisa brotar, nascer desde dentro. [...] O que é *entrar* e *como* entrar em si? [...] "O lugar mais profundo do teu coração' e também "a hora mais silenciosa da tua noite" [...] é preciso recusar o caminho da intimização, que visa um dentro fechado, enclausurado e encasulado. Isso cheira a ambiente abafado sufocante, irrespirável... e falso![158]

A resposta e a manifestação em aceitar e participar do procedimento de mediação devem ser realizadas com consciência, e não por impulso. É importante sentir-se satisfeito, aberto e acreditar na mediação, pois é necessário um ambiente colaborativo. Os mediandos devem apropriar-se de si mesmos para iniciar na mediação. Experimentar a necessidade de participar e tentar resolver as questões da e na mediação.

---

[158] FOGEL, Gilvan. **Sentir, ver, dizer: cismando coisas de arte e de filosofia.** Rio de Janeiro: Mauad X, 2012, p.14.

No procedimento de resolução alternativa de conflitos, várias questões serão abordadas e, por isso, é necessário querer participar e suportar o ônus e bônus – a separação, a união; a convivência; o ter que enfrentar; falar sobre. Querer é suportar, é atravessar o percurso. Os mediandos, diante da necessidade que sentirem em participar da mediação, devem ter, também, a consciência de que deverão dar conta, de estarem pré-dispostos a reviver momentos e emoções, a lidar consigo mesmo, com o outro e com os problemas. Para Gilvan Fogel, as partes devem ter consciência da necessidade de quererem estar lúcidas, pois aqui lucidez é a disposição forte em não deixar afrouxar o ânimo – tem que querer e aguentar:

> [...] aguentar é a disposição, a predisposição para fazer todo um percurso, para atravessar todo um caminho. Aguentar, suportar toda a carga de uma caminhada, isto é, cada passo ao longo de todo um caminho, de todo um percurso. Essa férrea disposição de ânimo, essa entrega de corpo e alma a um tal afazer – isso é querer. [...] ter, ser uma vontade de ferro. [...] disposição de ânimo, que é o

> autêntico querer. [...] tende a arrefecer a se desfazer. Amolece o ânimo.[159]

Não basta apenas o desejo em participar da mediação, mas sim ter a vontade de solucionar seus problemas por meio de uma metodologia diferenciada, com a oportunidade de potencializar a autonomia e aprender habilidades de saberes, pois o desejo é algo transitório e a vontade é permanente. Gilvan Fogel ainda ressalta que:

> [...] o desejo 'vem "passa', 'se vai', mas a vontade, a vontade de ferro – esta não passa [...] E o real, o autêntico querer que é querer ser (isso aquilo), [...] e 'o apressado como cru' porque ele, na pressa, no atropelo quer o 'fim sem o 'meio"; resultado, sem fazer, sem ação; quer o caminho sem caminhar. [...] força com que quer o 'fim', quer também e principalmente os 'meios".[160] [...] querer o que não se pode, o que por princípio e constituição não se pode, não é querer, não é real vontade, mas arrogância,

---

[159] Idem, p.78.
[160] *Idem*, p.81.

presunção, que afasta, que aliena ou extravia uma vida. Futilidade, leviandade.[161]

O mediador deve conduzir a pré-mediação realizando concomitantemente a percepção da linguagem para, por meio do discurso, convencer as partes a terem, diante da necessidade, a verdadeira vontade em participar. Como o procedimento muitas vezes é trabalhoso, exige muito, o ato de desvelar o ser, apresentar dores e questões difíceis, o dizer positivo para a mediação, aceitar participar vai além da simples concordância.

Prestadas as informações importantes sobre o procedimento, esclarecidas as dúvidas, realizada a acolhida de forma positiva e as partes tendo concordado e assinado o Termo de Abertura da mediação, inicia-se o procedimento com a realização de sessões subsequentes para análise, verificação dos interesses e necessidades, escolha

---

[161] *Idem*, p.82.

das melhores opções e, enfim, se houver, redação e assinatura do Termo de Acordo de mediação.

7 A MEDIAÇÃO FENOMENOLÓGICA

7.1 SER-NO-MUNDO DO CONFLITO: O CONHECIMENTO, RECONHECIMENTO E PRÉ-CONCEITOS DIANTE DA HISTORICIDADE

Na clássica obra de Heidegger, Ser e Tempo, o filósofo insere a análise do ser humano, a partir da diferença entre seres biológicos e seres históricos. O homem como integrante da natureza pode ser considerado um ser natural, um ser humano. É possível descrevê-lo com uma característica única, comum a todos os homens, como aquele que tem as funções vitais realizadas pelo coração, cérebro e pulmão. Mas, para Heidegger, o que diferencia o homem – ente que tem seu mundo ao modo do que é falado –[162] dos demais que compõem a natureza é justamente a sua historicidade. Portanto, o ser humano deixa de ser categorizado como humano e biológico. Parte-se da ideia de ente como pessoa, mas não um ente qualquer. É sim um ente histórico, pois [...] o que está em questão é o ser do homem todo, que se costuma apreender como unidade de corpo-alma-espírito.[163] Esse ente histórico, ser humano existencial[164] é único, um indivíduo existencialmente diferente do outro, e nele está o que Heidegger denomina de Ser-aí. O Ente, que sendo, é o Ser-aí. A pessoa, o Ente, ao ser, passa-se a referir ao Ser-aí. O Ente só se revela a partir do

---

[162] HEIDEGGER, Martin. **Ontologia: hermenêutica da faticidade.** Tradução de Renato Kirchner. 2 ed. Petrópolis, RJ:Vozes, 2013a, p. 29. (2ª reimpressão março/2016). Título original: *Ontologie(Hermeneutik der Faktizitat)*.

[163] HEIDEGGER, Martin. **Ser e Tempo.** Tradução e organização, nota prévia, anexos e notas de Fausto Castilho. Campinas, SP: Editora Unicamp; Petrópolis, RJ: Editora Vozes, 2012, p.156. (1ª reimpressão 2014). Título original: *Sein und Zeit.*

[164] Existenciário é a denominação para os sentidos e percepções do *Dasein*. Existenciário pode ser considerado antagônico a categoriais. Idem, p. 343.

ser no mundo, do modo de ser público da vida e[165] do transcender. Com isso, o Ser-aí corresponde ao Ser-aí, o Ser-aí do Ente, do Ente histórico, o Ente histórico do ser humano. Heidegger completa que a vida é um peculiar modo-de-ser, mas essencialmente só acessível no *Dasein*.[166] Cada ente sabe o que significa para ele intimamente Ser-aí diante de pensamentos, ações e reações. Por isso,

---

[165] Heidegger explica que por meio da consciência histórica o Ser-aí se apresenta publicamente como modo de interpretação. A consciência histórica está aí, expondo-se no "caráter público sobre determinada interpretação" de si mesma, mantendo-se nela e dominando-a assim por completo. Em tal interpretação de si mesma ela traz à linguagem, aquilo que é para ela o importante, com vistas ao próprio Ser-aí da vida. Portanto, enquanto modo de interpretação do Ser-aí deve mostrar em sua interpretação de si mesmo justamente o que é o mais importante para o próprio Ser-aí. Que seja assim. Caberá ver na interpretação o que a consciência histórica caracterizada faz de si mesma. HEIDEGGER, Martin. **Ontologia: hermenêutica da faticidade.** Tradução de Renato Kirchner. 2 ed. Petrópolis, RJ:Vozes, 2013a, p. 61. (2ª reimpressão março/2016). Título original: *Ontologie(Hermeneutik der Faktizitat)*.

[166] HEIDEGGER, Martin. **Ser e Tempo**. Tradução e organização, nota prévia, anexos e notas de Fausto Castilho. Campinas, SP: Editora Unicamp; Petrópolis, RJ: Editora Vozes, 2012, p.161. (1ª reimpressão 2014). Título original: *Sein und Zeit*.

deve-se manter a consciência no ser em virtude das consequências que advêm do pensar e agir.

Com o escopo de direcionar a análise do ente como histórico, insere-se o momento do nascimento, no qual o ser humano encontra-se lançado no mundo no poder ser do Ser-aí. Nesse momento, o Ser-aí se mostra aberto ao mundo, para se relacionar com seu mundo e meio ambiente. A mãe, ao colocar o bebê no peito e oferecer o leite materno, estimula a criança. No instante da mostração de amor, carinho e paixão, o bebê percebe o que está no seu entorno, para de chorar e suga o leite materno. A criança sente as mãos macias da mãe acariciando seu rosto, escuta a sua voz poetizando palavras doces de amor e percebe esse momento como uma extensão do que juntos viveram nos nove meses de vida intrauterina. Nos dizeres de Heidegger, [...] o *Dasein* se determina cada vez como ente a partir de uma possibilidade que ele é e que, ao mesmo tempo e de alguma maneira, ele entende em seu ser [...].[167] O bebê reage a uma possibilidade que se apresenta a ele e, como resposta, se abre para a possibilidade, da seguinte forma: ser diante das possibilidades que se mostram no tempo. Com isso, a essência se faz a partir do existir, desta mostração do Ser-aí, na cotidianidade.

Diante da noção de Heidegger de que o Ser histórico é representado a partir de ser um nada, parte-se deste caráter neutro, no qual o ente não tem em si nenhuma propriedade que seja comum a todos os seres humanos e que poderia determiná-lo. Ao entrar em contato com o mundo, o Ser-aí sai da sua indeterminação originária ontológica para, diante das possibilidades apresentadas pelo mundo, se perder, para depois absorver o mundo e daí se tornar o Ser-aí próprio. Portanto, ao se abrir e se relacionar com o mundo e adiante perceber essas possibilidades, o Ser-aí vai adquirindo conhecimentos que nele se sedimentam. Esses conhecimentos são denominados de pré-conceitos,

---

[167] Idem, p.143.

que são sedimentados e surgem do viver do Ser-aí no mundo, perante o relacionar e perceber o que lhe mostram. Faz-se necessário refletir sobre a analogia destes pré-conceitos e uma semente brotando com seu caule liso e firme que surge na terra e cresce. Ao atingir certa altura, após o passar do tempo, o caule engrossa e adquire crostas, de modo que estas se compactam e se sedimentam, da mesma forma como os pré-conceitos que estão intrinsecamente no Ser, formados com o passar dos anos.

Inúmeras são as relações, até mesmo jurídicas, nas quais o Ser-aí se encontra aberto e constituído no caráter próprio de ser, munido de pré-conceitos. São relações de Direito de Família, Contratuais, Empresariais, Trabalhistas, Educacional, Comunitárias, entre outras, em que ele precisa manter-se autêntico, no seu caráter pessoal e munido de pré-conceitos, para resguardar direitos próprios do seu Ser. É preciso o Ser-aí abrir-se para, estando como Ser-no-mundo, encontrar o entender das relações e dos direitos do Ser e do outro.

O Ser-no-mundo se desvela a cada momento fenomenológico, ao se relacionar em seu meio ambiente e utilizar o pré-conceito para desvendar as possibilidades e saber resolver o que lhe apresenta. Assim, a constituição dos pré-conceitos é fundamental para se relacionar. Estes pré-conceitos vão sedimentando na historicidade do Ser constituída no conviver com ele mesmo, em família, com outros na sociedade e, até mesmo, com os utensílios. É de suma importância a formação da historicidade do Ser, bem como a consciência ao longo do tempo sobre as justificativas da sedimentação dos pré-conceitos. É necessário manter o bom senso para identificar se o pré-conceito vai de encontro com a essência do Ser-aí ou se apenas é algo que foi absorvido dos outros, sem valor de pré-conceito, e sim apenas opinião, sem relação alguma com o próprio Ser-aí. Não se deve guardar para si opiniões de outros que não fazem parte da essência do Ser. Essa atitude levaria o Ser-aí a um completo sentimento de "despertencimento", a uma crise de identidade, por sobrepor opiniões alheias na base de pré-conceitos que foram construídos diante da rede referencial nos horizontes históricos. Em tal situação, o Ser-aí age não diante da sua consciência, mas sim em virtude da fala ou opinião de outros. Nesse contexto, sua ação fica desconexa do seu espaço e do seu mundo. Ao verificar o que ocorreu, o Ser-aí se perde em mundos alheios, pois o ouvir dizer e opiniões não aceitam a validação imediata do sentido, a afirmação de algo que também deve ser escutado com zelo.[168]

Na cotidianidade, o Ser-no-mundo se faz percebendo e vivendo em seu mundo circundante. Os pré-conceitos facilitam o modo de ver o novo. Em razão dos conhecimentos sedimentados, que fazem com que o novo não represente tanta novidade assim, os conhecimentos vão se sedimentando a partir da mostração da rede

---

[168] Idem, p.439.

referencial. Veja o exemplo, ao entrar em um restaurante, qualquer cliente já tem plena consciência de que deve assentar em uma das mesas arrumadas, não entrar na cozinha para pegar um copo com água ou se acomodar em uma das mesas sem toalha, pratos e talheres, diferente das demais. Mesmo sendo um restaurante desconhecido, onde ele nunca esteve, o seu entrar no meio ambiente o deixa confortável. Nesse contexto, há uma tranquilidade ao se deparar com o novo, minimizando a insegurança por algo não conhecido, diante do uso da rede referencial estabelecida pelos pré-conceitos.

Os objetos que se mostram ao Ser-no-mundo são denominados utensílios, com caráter de jogados no mundo, como estando presentes à vista do Ser e dotados de possibilidades de categorização. As coisas são determinadas pela rede referencial de significados inseridos na historicidade e vão de encontro ao Ser mostrando o que significam, e, assim, o Ser-no-mundo age como resposta pelo modo como as coisas já significam para ele. O Ser vai existindo no mundo de acordo com o modo pelo qual as coisas vão se mostrando. Pensando assim, percebe-se, como exemplo, a diferença do modo cotidiano de vida diante da comparação entre a vida do homem no campo e a na cidade. São dois modos de viver que se perfazem com suas particularidades históricas, mas com algumas questões semelhantes, em virtude da rede referencial básica das coisas, da forma como historicamente se apresentaram e sedimentaram, como, por exemplo, a preferência ao modo de passar o café quando utiliza o bule de café com coador de pano e o outro com a máquina de café expresso. A bebida é a mesma, mas o modo de fazer e beber o café são conforme costumes históricos do território em que se encontram. As coisas são utilizadas pelo Ser-no-mundo da maneira como aprenderam a usar e a lidar, por meio dos conhecimentos que foram formados, sedimentados na cotidianidade. A rede referencial é o ponto de partida para o viver com os utensílios, que são categorizáveis, estão à disposição do Ser-aí.

Os pré-conceitos formados pelos conhecimentos sedimentados pela rede referencial são úteis para que o Ser-no-mundo possa tomar suas decisões em virtude das possibilidades que estão dispostas no seu mundo. Agindo assim, o Ser-aí se encontra com o caráter próprio, reconquistando o modo de ser diante das possibilidades que se apresentam, atuando no seu projeto existencial. O Ser está diante de modos de ser, de poder ser.

A noção de mundo vai depender de onde o Ser-no-mundo está se relacionando, quais espaços atmosféricos em que se encontra e o momento ou tempo no qual está. Para Husserl, o mundo é determinado pela totalidade da experiência fenomenológica. Já Heidegger se refere ao mundo diante da possibilidade de transcendência, não pensando em somatório, mas na extensão máxima de possibilidades que o Ser pode alcançar. O mundo é aquele em que o Ser está presente, intensamente na experiência projetada pela sua consciência, no raio de compreensão do próprio Ser. Este espaço pode ser físico ou não, depende do momento no qual o Ser vivencia o mundo circundante diante das tonalidades afetivas, do modo como um Ser está aberto para com outro Ser, na atmosfera propícia para vir de encontro.

 O mundo pode se constituir da casa na qual vive cotidianamente o Ser, com todos os cômodos com que ele se relaciona; a poltrona na qual costuma descansar diariamente; o quarto no qual ele está a ler um livro; compreende o barulho realizado na cozinha; escuta o latido vindo do quintal onde o cachorro brinca com a criança; a sala de televisão na qual o Ser está disposto, assistindo a um filme; bem como pode ser, ao estar o Ser, na mesma sala de televisão, o mundo significar seu pensamento. Acrescenta-se, também, na exemplificação, o ser na relação entre o Ser-no-mundo e seu cônjuge, filhos, parentes e amigos, no ambiente profissional, no momento de lazer, ou mesmo, no vivenciar da tristeza da perda de um ente querido, ocorrida há um ano. Essas possibilidades podem ser o mundo-ambiente[169] do Ser-no-mundo.

Assim, o Ser-no-mundo é determinado diante das possibilidades que se apresentam. Existir é sair da indeterminação para se encontrar jogado no mundo das possibilidades e se fazer em modos de existência conforme sua essência. A essência será sempre a mesma em todos os momentos e a todo tempo. O Ser-no-mundo pode se encontrar em várias circunstâncias na vida, mas seu modo essencialmente de ser será único. Portanto, o Ser-no-mundo parte do nada para a sua existência na cotidianidade por meio da experiência com o mundo. Dessa maneira e diante da sua essência, do modo como o Ser-no-mundo se mostra nas

---

[169] Heidegger insere esta nomenclatura de mundo-ambiente para designar o mundo mais próximo do *Dasein*. [...] A investigação segue pelo caminho que vai desse caráter existenciário do mediano ser-no-mundo até a ideia de mundidade em geral. A mundidade do mundo-ambiente, a mundidade ambiental, nós a buscamos através de uma interpretação ontológica do ente que de pronto vem-de-encontro no interior-do-mundo-ambiente. Idem, p. 205.

possibilidades, sedimenta seus pré-conceitos, para que possa tomar as decisões a partir do momento em que vão surgindo os problemas em seu mundo, os quais vêm a surgir no próprio existencial e são inerentes ao mesmo.

O modo de vivenciar e de se relacionar coloca o Ser-no-mundo aberto para experimentar, sendo, dessa forma, lançado ao mundo, junto aos instrumentos e coisas, determinando-o. Para Heidegger, Ser-no-mundo significa morar no mundo, experimentar a familiaridade, o abrigo, a proteção da casa, o sentimento de cuidado, é o projetar para junto de, junto das coisas, uma ligação incontornável, uma exposição.

Com isso, o Ser é jogado no mundo, e, assim, aparecem os problemas que o levam a uma tomada de decisão munido dos pré-conceitos. O Ser-no-mundo se move em um horizonte histórico já sedimentado na rede referencial, provido de pré-conceitos que são indispensáveis, mas que também moldam o Ser-no-mundo para determinar a maneira como será o seu ser. A partir do momento em que o Ser-no-mundo se relaciona com as possibilidades e não consegue decidir diante dessas, o Ser-no-mundo se encontra em conflito.

Aqui a palavra conflito é tratada como questão. Em palestras e cursos que ministro, ao invés de mencionar conflito ou problema, utilizo questão. Em Heidegger, encontra-se a justificativa para tal atitude:

> Propor *questões;* questões não são ocorrências; questões são tampouco "problemas" hoje em dia em uso, que "impessoalmente" assume ao acaso pelo que se ouve dizer e se lê nos livros ou que se acompanha pelo gesto de serem pensados em tão grande profundidade. Questões surgem na discussão e confronto com as "coisas". E coisas há aí somente onde há olhos.[170]

---

[170] HEIDEGGER, Martin. **Ontologia: hermenêutica da faticidade.** Tradução de Renato Kirchner. 2 ed. Petrópolis, RJ:Vozes, 2013a, p. 11. (2ª reimpressão março/2016). Título original: *Ontologie(Hermeneutik der Faktizitat).*

"Conflito" designa a palavra litígio, o que induz desavença. Já "questão" remete a algo que deve ser trabalhado, discutido, pensado, compreendido e interpretado de uma forma cotidiana e mais amena. Portanto, será dada preferência para tratar terminologicamente aqui como questão. O homem deve enfrentar as questões sem pensar em brigas e discórdias, para direcionar seu caminho à possibilidade de utilizar o aprendizado de saberes que a historicidade lhe propiciou. É preciso que o Ser-no-mundo perceba a mostração da questão que lhe apresenta, de forma a buscar um ponto de equilíbrio entre suas demandas, necessidades e interesses e o que o mundo circundante lhe oferece.

A resolução de questões demanda um momento de reflexão diante de aspectos internos e externos e de alta e de baixa complexidade a serem ressaltados. Aspectos internos envolvem o ego e superego, que muitas vezes atuam ocasionando a mente tagarela que "embaça" a realidade dos fatos e perturba o relacionar na cotidianidade do Ser-no-mundo. É preciso dar a devida atenção às questões internas, para que não reflitam de forma equivocada na relação com o mundo. Insta esclarecer que é necessário sair do automatismo presente na vida atual e dar espaço à autenticidade do Ser-no-mundo. Não se pode perder de vista a rede referencial formadora do Ser. Aspectos externos colocam o Ser-no-mundo imergido em questões relacionais com o outro, que devem ser questionadas no contexto apresentado, acrescido das historicidades das partes. O entender da historicidade vai proporcionar uma leitura mais tranquila da questão que se apresenta. As pessoas têm suas justificativas internas para agirem e que, muitas vezes, fazem sem perceber que são respostas fundamentadas na historicidade. Por isso, o reconhecimento da legitimidade de pré-conceitos diante da historicidade é fundamental para que o Ser-no-mundo possa viver na autenticidade, como reflexo da essência do existir.

Cumpre ressaltar, ainda, que algumas questões possuem baixo índice de complexidade e positividade e são solucionadas de imediato. Outras mais complexas exigem do Ser-no-mundo um exercício de habilidades de saberes maior perante o mundo circundante. Umas são resolvidas com mais facilidade, como o acender a luz para iluminar o ambiente, e outras mais complexas, como no caso de guarda de filhos, divisão de bens entre casais, exclusão de sócio na sociedade empresária ou a discussão de uma demarcação de propriedade.

A forma de resolução das questões diante das possibilidades vai depender do modo como o Ser se encontra perante o mundo, de como ele dispõe seus conhecimentos, pré-conceitos e se relaciona com o mundo. Para obter resultados satisfatórios, o Ser-no-mundo deve estar sempre aberto à análise da melhor possibilidade para ele, aberto para ir de encontro ao que de mais benéfico lhe oferecem, tendo também consciência de que é o melhor que o outro tem a acrescentar. Geralmente, as pessoas diante de algum problema têm o hábito de se fechar, se recolher. Essa atitude poderá limitar as possibilidades, ao passo que, se ela estiver com disposição para ver positivamente o que está na mostração, com certeza a chance de sucesso em seus planos será maior.

A questão advinda do problema leva o Ser-no-mundo a refletir, visando à busca de alternativa em uma resolução, ou seja, a tomada de decisão. Tal atitude gera uma aquisição de conhecimentos, pois está diante de aspectos positivos e negativos que devem levar o Ser-no-mundo a pensar sobre. Aspectos positivos engrandecem o Ser-no-mundo diante do aprendizado. Mas será que o mesmo não se pode dizer dos pontos negativos? Claro que o Ser-no-mundo também obtém um aprendizado diante da negatividade. Ele adquire conhecimentos sedimentados nos dois casos. O importante é definir que a potencialização de autonomia e o aprendizado de habilidades de saberes devem sempre estar na consciência do Ser-no-mundo para analisar, ante os conhecimentos sedimentados, os aspectos positivos e os negativos para que possam ser enfrentados e, assim, buscar a melhor possibilidade que o atenda.

Cumpre destacar, também, que a utilização dos pré-conceitos deve ser realizada com parcimônia, com muito zelo e atenção diante de uma questão a ser solucionada, para não sobrepor a realidade dos fatos no mundo. Não se pode ir direto às questões conflituosas e carregadas de pré-conceitos que muitas vezes vão além do razoável, sem antes destinar um olhar diferenciado e tranquilo, buscando o significado das coisas, abstendo de "jogar todas as pedras", para depois buscar a compreensão sobre. É importante ter em mente a rede referencial e conjugá-la com os pré-conceitos, pois ela auxilia na justificação das questões. É importante as pessoas entenderem os motivos, conseguirem contextualizar. Não precisam concordar, mas a compreensão é fundamental, para que se possa gerar uma relação mais fidedigna.

Assim, insta esclarecer que as questões chegam ao Ser-no-mundo diante de uma visão prévia que leva a uma posição prévia e, por conseguinte, a uma conceptualidade prévia, de modo que esteja relacionado a uma rede referencial de significados. A forma como o Ser-aí se relaciona com as questões vem de encontro com a forma como ele vê as questões na rede de significações. É de suma relevância o Ser-no-mundo estar percebendo as questões para transcender a visão prévia e ir de encontro aos significados. Na maioria das vezes, o Ser-no-mundo vê a questão de forma a tentar solucioná-las isoladamente, sem perceber que constituem e fazem parte de uma rede de significações. É preciso desvelar. Deve-se olhar para a questão de forma a buscar a imanência até chegar à sua origem, buscando compreender todos os pontos que perpassam pela rede de significações e excluir o que não faz parte dessa rede. O modo como será resolvida a questão pelo Ser-no-mundo depende do modo como ele se relaciona com a rede de significações. É preciso evitar o conflito diante de uma pretensão resistida, com o objetivo de ter um viver mais tranquilo possível, posto que, a todo momento, o Ser-no-mundo se depara com questões a serem resolvidas. O Ser-no-mundo deve dar conta, no mais alto índice possível, de resolver todas as questões que o envolve e todos os problemas que surgem, com o olhar de aprendiz, para potencializar sua autonomia, e, assim, ressurgir a autoestima. Quando não conseguem, as pessoas procuram a mediação como alternativa diferenciada de resolução. O mediador será o intermediador, o facilitador nessas questões.

    O movimento fenomenológico indica uma sequência de possibilidades que devem ser seguidas pelo Ser-no-mundo na mediação, para que compreenda o modo como surgem os desentendimentos e como as possibilidades se dão. Este modo de perceber nesta sequência é apresentado nas sessões de mediação por meio do trabalho realizado pelo mediador. Por isso se faz tão necessário que o mediador desenvolva o trabalho dando atenção ao que as partes trazem na rede referencial, na historicidade e nos pré-conceitos, bem como tentar identificar, por meio da linguagem verbal e não verbal, a forma como os mediandos se portam e se mostram diante da questão a ser debatida. Agindo assim, como facilitador da interpretação, as partes conseguirão compreender melhor todo o contexto que envolve a questão principal e, por consequência, relacionarem-se de uma maneira mais fácil no todo.

Perante os apontamentos sobre o Ser-no-mundo, em que surgem questões a serem resolvidas pelos mediados, conforme o modo que o conflito está no mundo, é necessário analisar a mediação como mundo no qual o Ser-aí espera compreender o desvelamento de si mesmo e do outro, para encontrar a forma na qual poderão lidar com adversidades a serem resolvidas. É de suma relevância o modo como o Ser-no-mundo vai de encontro a essas questões, principalmente, porque envolvem relações com ele próprio e com outras pessoas. Por isso, o mediador deve auxiliá-lo. A mediação constitui a maneira diferente de enfrentar as questões, de estar no mundo do conflito e saber compreender diferentemente o modo de viver. O primeiro passo é reconhecer que existe a questão. Em seguida, definir pontos centrais e transcendentais, analisar o que advém de pré-conceitos, conscientizar que a questão está presente no mundo que circunda as partes e que ela deve ser resolvida por meio do enfrentamento, para, assim, prosseguir na tentativa de solucionar na mediação. Destarte, diante do pensar sobre o Ser-no-mundo conhecendo e reconhecendo o mundo das questões que se apresentam e a importância da identificação do pré-conceito na resolução das possibilidades, passa-se para a compreensão do procedimento da Mediação Fenomenológica.

7.2 A PRIMEIRA SESSÃO DE MEDIAÇÃO FENOMENOLÓGICA SUBSEQUENTE À PRÉ-MEDIAÇÃO

Subsequentes à pré-mediação, ocorrem normalmente de três a cinco sessões de mediação, as quais serão realizadas visando obter resultados satisfatórios sobre a potencialização da autonomia e o aprendizado das habilidades de saberes, até mesmo, a redação do Termo de Acordo, se houver. Cumpre ao mediador, depois de realizada a acolhida, lembrar aos mediandos os aspectos descritivos sobre como ocorrerá a sessão, verificar os pontos que devem ser trabalhados na mediação, quais os procedimentos e princípios que serão seguidos, visando, assim, possibilitar o bom andamento e desenvolvimento do procedimento. As reuniões supracitadas correspondem às etapas do processo.

A busca pelo conhecimento, por parte do mediador da questão que paira na relação entre os mediandos, constitui o principal objetivo da primeira sessão da mediação. Dessa forma, perguntas "abertas" serão realizadas e darão oportunidade para que as partes respondam amplamente à questão, não utilizando apenas como resposta o "sim" ou o "não". Com isso, o mediador passa a investigar melhor os fatos e a buscar a interpretação do que foi mencionado. Por meio das perguntas "abertas",[171] os mediandos também

---

[171] CAHALI, Francisco José. *Curso de Arbitragem: resolução CNJ 125/2010: mediação e conciliação*. 2 ed. São Paulo: Editora Revista dos Tribunais. 2012, p. 66.

podem refletir sobre a historicidade e pré-conceitos que permeiam o comportamento de ambos, as causas e consequências até então apresentadas. Isso posto, o mediador poderá colher elementos para analisar o real interesse das partes e, consequentemente, auxiliá-las a criar possibilidades plausíveis à solução do conflito. Assim ensina Cahali, que o mediador é um coordenador dos trabalhos, estimula as partes a desenvolver a dialética e comunicação, permitindo falar sobre aquilo que não vinha sendo dito, fornecendo-lhes elementos para reconhecer valores relevantes à análise da relação.[172]

Portanto, é fundamental a atuação consciente do mediador para que possa conduzir a mediação de maneira satisfatória. Mas, para tanto, deve também o mediador ter ciência da linguagem, como instrumento de expressão,[173] de percepção e

---

[172] *Idem*, p. 59.
[173] HEIDEGGER, Martin. **O que é isso filosofia?: identidade e diferença.** Tradução de Emildo Stein. 3 ed. Petrópolis, RJ: Vozes, 2013b , p.32. Título original: *Was ist das-die Philosophie?:identitat und differenz.*

auxílio para a devida potencialização da autonomia e aprendizado das habilidades de saberes pelas partes.

O mediador deve procurar dizer positivo. Como participa da função principal de orientação dos trabalhos na mediação, seu modelo de atitude geralmente chama atenção das partes e, com isso, ele deve ter cuidado ao pronunciar a sua fala. Por meio desta linguagem positiva, as partes também iniciam pensamento propenso para tal. Logo, o mediador deve estar ciente ao utilizar a palavra, zeloso ao expressar suas ideias e, assim, apresentar expressões corretas e evitar palavras como "não" e "nunca", que exprimem sentimento negativo. As frases devem ser enunciadas sempre de forma positiva, desde o início, por exemplo: "que bom que vocês vieram para a mediação"; "vê-se o grande interesse e empenho de vocês em buscar solução para a questão que trazem aqui e aprender de forma diferenciada a resolvê-la"; "esta atitude levará vocês a um resultado favorável." As partes se sentem acolhidas e satisfeitas quando percebem que suas ações são valorizadas e reconhecidas como proativas desde o começo. Ressalta-se a motivação de um sentimento de empatia.

O mediador inicia a sessão retomando as questões que foram debatidas no último encontro, de forma a trazer à tona todos os aspectos anteriormente trabalhados, o ponto no qual as partes interromperam o raciocínio, e, assim, dar prosseguimento à nova fase. Essa atitude deverá ser recuperada no começo de todas as sessões, seja pré-mediação ou mediação, para que os presentes possam relembrar os temas desenvolvidos, o modo como se posicionaram até aquele momento, quais as questões principais e transcendentes tratadas, bem como aquelas que ficaram pendentes de alguma análise ou resposta e, com isso, dar prosseguimento aos trabalhos.

Após retomar o que foi analisado na pré-mediação, o mediador deve agir com o intuito de auxiliar as partes a compreender e interpretar os fatos e falas. Para tanto, deve inserir os mediandos no contexto, por meio de lembranças sobre a convivência entre eles. Além disso, deve tentar resgatar o elo até então existente entre os mediandos, seja este amoroso, familiar, financeiro, empresarial, comunitário, de vizinhança, enfim, é preciso resgatar o pensamento de que algum dia houve uma relação satisfatória, em que imperou o bom convívio entre eles, e, assim, a viviam de forma pacífica, harmoniosa e generosa. Inicia-se o procedimento com a pergunta referente ao modo como tudo começou. Dessa maneira, haverá a delimitação do Ser-aí na temporalidade, no termo inicial da relação, e, com isso, deve-se buscar a autenticidade do ente na sua mais simples e pura forma do ser naquele momento do passado da relação. Este acordar diante da mostração pode gerar um sentimento amistoso e harmonioso, podendo distanciar e abafar um pouco o conflito latente. O mediador deve ressaltar o sentido do vínculo que une as pessoas, o relacionamento, a presença do fenômeno com a empatia[174] que existia

---

[174] HEIDEGGER, Martin. **Ser e Tempo**. Tradução e

antes do conflito, permitindo uma abertura sincera para que eles encontrem qualidades que os fizeram ver o outro de maneira positiva, evidenciando as diferenças, opiniões e atitudes. Portanto, a função do mediador nessa etapa é resgatar os aspectos positivos do passado da relação, para que os mediandos entendam que já conviveram, se suportaram, compreenderam, respeitaram; que já houve amor, amizade, parceria, companheirismo ou cumplicidade. É importante, no início da reunião, demarcar o resgate das primeiras admirações, o que contribuirá para uma atitude prospectiva e benéfica dos mediandos nos procedimentos posteriores.

A próxima etapa será analisar o que trouxe as partes à mediação, quais serão os pontos a serem trabalhados na sessão. Inicia-se o questionamento sobre o que os levou até o assunto em questão. Na fala dos mediandos, o terceiro interveniente deverá

---

organização, nota prévia, anexos e notas de Fausto Castilho. Campinas, SP: Editora Unicamp; Petrópolis, RJ: Editora Vozes, 2012, p. 359. (1ª reimpressão 2014). Título original: *Sein und Zeit*.

ficar atento para interpretar com fidedignidade e realizar perguntas que os levem a entender o modo de ser das partes no Ser-aí e no Ser-com. Aspectos também da historicidade advindos da rede referencial são de suma importância para compreender e interpretar o conflito e deverão ser explorados pelo mediador. É preciso aprender a conhecer o outro e sua historicidade. O mediador deve conscientizar as partes sobre as particularidades de cada um, com seu sentimento, no contexto que envolve a mediação. Cumpre destacar essa etapa no procedimento, pois o mediador deve, por meio de perguntas e comentários, trazer este reconhecimento à mesa dos trabalhos. Um mediando deve reconhecer o outro como realmente é, um indivíduo único, existencial e não categórico.

O mediador deve auxiliar os mediandos a se encontrarem nas respectivas autenticidades, visto que há uma possibilidade de terem se misturado com o advento da convivência mútua. Neste entrelaçar dos seres, as pessoas vão se relacionando, aprendendo e absorvendo questões, gostos, desejos, maneiras de ser, e, assim, elas vão perdendo a autenticidade inicial para dar voz à fala íntima do outro. É normal o acostumar-se a lidar com o outro como um Fenômeno da Orientação que impede, assim, a abertura de novos espaços. Segundo Heidegger, [...] oriento-me necessariamente em e por um cada vez já sendo junto a um mundo 'conhecido'.[175] O Fenômeno da Orientação refere-se ao modo de ser sempre da mesma forma como norte para lidar com. Imagine o espaço de um quarto no qual a pessoa pode entrar com olhos vendados, pois ela já o conhece, sabe até mesmo a posição do mobiliário, dos utensílios sobre a cômoda, o modo de disposição das roupas no armário e consegue andar sem dificuldade naquele espaço.[176] Este é um ponto de extrema importância para ressaltar a potencialização da

---

[175] Idem, p. 319.
[176] Cumpre esclarecer que para Heidegger o espaço não é o fenômeno, mas sim a referência ao fenômeno: o espaço só pode ser concebido em referência ao fenômeno do mundo. Idem, p. 329.

autonomia. Deverá haver, pelos mediandos, o distanciamento da situação para se reconhecer na sua historicidade e perceber que o velho modo de ser se constitui apenas um Fenômeno da Orientação, em que a pessoa está acomodada em ser assim, em ser um pouco do outro, na impessoalidade. Os conhecimentos mostrados ao longo do tempo vão se misturando, acrescendo a ambas as partes da relação. No momento do conflito, vários fenômenos aparecem juntamente à frase: você não era assim! Com certeza as pessoas mudam, se juntam e se moldam, mas muitos não conseguem se adaptar às mudanças do outro, sem perceber o que é obvio. A mudança ocorre a partir da rede referencial que vai se apresentando com o passar do tempo, e, assim, o Ser-aí se mostra de forma diferente.

Muitas vezes, a mudança se deu inicialmente para agradar o outro, mas, em certo momento, o ser se dá conta que o agir do Ser-aí já não é dele mais, ele não se reconhece e sai em busca da sua maneira de agir autenticamente. Com o intuito de ilustrar, faz-se necessário mencionar aqui um caso ocorrido em uma mediação. A esposa, que preferia vinho branco, bebia vinho tinto no início do relacionamento; para agradar e fazer companhia ao parceiro, ela se sentava com ele nos finais de semana e "dividia" uma taça. No decorrer do tempo, aquela atitude e o esforço em agradar o parceiro não tinha o mesmo valor, já que, para ela, essa ação não era da essência do seu existir, não fazia sentido para ela optar por algo que não era a sua preferência. A esposa disse ao marido que não iria mais acompanhá-lo na hora de tomar vinho, pois já não sentia prazer em fazer algo que não lhe agradava para estar com ele naqueles momentos. O esposo, com muita indignação, questionou o motivo de não saber disso antes, pensando que essa atitude dela era a demonstração de desamor, desarmonia e falta de companheirismo. A esposa respondeu que, para ela, até certo momento estava tudo bem, pois o fato de fazer companhia ao marido fazia mais sentido para ela e que, com o passar dos anos, depois não teve coragem de falar que não gostava tanto de tomar vinho tinto, com o receio de magoar o marido. Dessa maneira, as vontades se entrelaçaram e se "abafaram" com o intuito de procurar o bem viver. No início do relacionamento, o abrir mão significa agradar e despertar no outro um sentimento positivo. Mas, com o tempo, o entendimento e o sentimento tiveram outros significados.

O mediador, ao perceber o que estava ocorrendo, mencionou que aquela questão já havia passado, que ambos já puderam entender as justificativas e ressaltou a importância do diálogo entre as pessoas. A atitude do mediador foi importante para que os mediandos pudessem perceber, sem adicionar o item culpa, o desenvolvimento da relação entre eles, da vontade de agradar e da falta de autenticidade e de diálogo. As questões ocorrem muitas vezes sem a intenção latente. É necessário que os mediandos consigam entender o que aconteceu e o que representou, para conseguirem ultrapassar momentos. Diante da compreensão do que ocorreu, as partes já poderiam tomar outra atitude e abrir o diálogo entre elas. Este foi um caso no qual se encontrou a potencialização da autonomia e aprendizado de habilidades de saberes. Assim, a mediação poderia encerrar naquele momento, que as partes conseguiriam resolver várias outras questões autonomamente diante dos resultados ali apresentados.

A comunicação entre as partes é fundamental. Portanto, todo o processo comunicativo carrega o objetivo de transmitir algo. O bom comunicador é aquele que interpreta adequadamente o dito e também o não-dito, para depois enunciá-los de maneira correta. Entender é decodificar o dito ou o escrito e, ainda, inferir corretamente. O mediador deve, após a fala de cada mediando, realizar o resumo colaborativo de forma clara, simples, precisa e ordenada. Daí a importância do resumo colaborativo para conferir os entendimentos, principalmente, se for realizado após o relato das informações iniciais, bem como depois da fala de significados do mediando. É imprescindível, neste primeiro momento, que as partes tenham a melhor compreensão possível do discurso apresentado, e, para tanto, o mediador deve se certificar de que isto aconteceu, solicitando que elas expliquem o que entenderam. O ato de repetir a fala tem dois sentidos: um para que o mediando possa expressar o que entendeu; e outro para que o emissor inicial possa certificar-se de que a sua fala foi compreendida corretamente. Caso alguma dúvida ou compreensão desvirtuada tenha restado ou permanecido durante todo o procedimento, isso poderá impactar negativamente ao final, especificamente, na escolha das possibilidades. Daí a importância do resumo colaborativo. Este é o momento de abertura para entender o que se passou com o outro.

O mediador atua como um observador da linguagem, buscando compreender, para depois interpretar, visando entender o círculo hermenêutico, o que ocorreu, o que ocorre e o que ocorrerá. Para isso, deve entender a linguagem além do contexto e depois usar sua percepção para saber explicar de forma a permitir e completar a compreensão pelas partes. Esse procedimento deverá ser realizado por meio de resumo colaborativo.

Deve estar atento, até mesmo, no momento ao silêncio do outro, à ausência percebida, à recusa em estar mentalmente ali, à falta de vontade de querer escutar a fala do outro. [...] Calar-se não significa ser mudo. Só no discorrer autêntico o calar-se próprio é possível. Para poder se calar, o *Dasein* deve ter algo para dizer.[177] Percebendo essa atitude do mediando, o mediador chamará a sua atenção para aspectos importantes no contexto. Realizará perguntas abertas e irá explorar o momento da quietude. Ambos os mediandos devem estar física e mentalmente inseridos nos trabalhos da mesa de mediação. Para ser um mediador com habilidade de liderança e transmitir confiança, é necessário estar sempre atento à linguagem verbal e à não verbal, perceber o que se passa no interior do

---

[177] Idem, p. 465.

ser e dos mediandos. É preciso ir além da simples função tecnicista de atuar no procedimento.

Insta esclarecer que o uso do Fenômeno da Atenção também deve ser inserido no procedimento da mediação pelo mediador. É uma capacidade que deve ser exercitada diariamente, a todo o momento. Na vida da Era da Transformação Digital, os seres humanos recebem muita informação, seja no mundo externo (sistemas virtuais, celular, tablets, *lives, calls, webs*, artigos) ou no interno (várias atividades a serem realizadas no dia, multitarefas). Para auxiliar na concentração durante a sessão, o mediador deve ter postura. É interessante evitar manusear o processo, balançar a caneta ou outro item que esteja à mão durante a fala dos mediandos. O corpo deve estar posicionado corretamente na cadeira, demonstrando respeito e atenção pela fala do outro. Manter o foco nas reuniões com um cronograma das atividades, pauta dos interesses e necessidades auxilia na manutenção da atenção e propósito no resultado.

É importante ressaltar que, diante da existência de desequilíbrio emocional, a parte reduz sua capacidade de compreensão, do racional lógico. Ao perceber a fragilidade de uma das partes, o mediador deve oferecer meios de trazer de volta o equilíbrio, visando ao princípio de igualdade das partes, como, por exemplo, dar atenção ao mediando fragilizado ou auxiliar no momento da fala, ao realizar perguntas que oportunizem uma resposta mais clara e ampla possível. A pessoa, ao começar a responder, deve coordenar suas ideias, tentar expressar a compreensão do seu pensamento através da explicação. O ato de saber que foi compreendido diminui o caráter frágil e defensivo e, assim, também acalma. A mediação é o momento propício à reflexão sobre ações, atitudes e responsabilidades, oportunidade de verificar o que foi feito e tentar melhorar as atitudes na vida do Ser-aí, que muitas vezes está machucado, ferido e com baixa autoestima. O mediador deve auxiliar para que o novo traga segurança ao mediando aparentemente hipossuficiente.

A partir dessa etapa, tudo que estiver relacionado à função do mediador, também poderá ser direcionado ao comediador e ao observador. Cumpre destacar que o comediador auxiliará o mediador, participando na mesa de trabalho. O observador será outra possibilidade de interpretação do andamento do procedimento, mas não ocupará lugar na mesa, e sim em um local na sala onde tenha visibilidade de todos os participantes e dos trabalhos realizados na mesa de mediação. A presença do comediador e do observador não é obrigatória na mediação, mas, se estiverem participando, acrescentará bastante no sucesso dos procedimentos, pois serão outros olhares além do terceiro interveniente.

Assim, o mediador deve atuar ao longo de todo o procedimento, no sentido de auxiliar os mediandos a reconhecer a historicidade de cada um, com seus conhecimentos sedimentados pela rede referencial, com o objetivo de obter elementos que auxiliarão a resolver os problemas que se apresentam. O dizer positivo é destinado a motivar as partes a trabalharem proativamente. A delimitação da questão principal e imanente faz-se necessária, visando à significação da compreensão e percepção durante o transcorrer dos trabalhos iniciais. Portanto, ultimada a contextualização dos aspectos basilares da Mediação Fenomenológica, passa-se a seguir para o reconhecimento do Ser-aí nesta metodologia resolutiva.

7.3 O Ser-aí e a Autenticidade na Mediação Fenomenológica

A historicidade possibilita que o Ser-aí experimente o existir em horizontes históricos. É o Ser-aí que se mostra pelo uso da linguagem, porque ele mora na linguagem. Assim, os horizontes históricos vão formando os pré-conceitos, que possibilitam que o homem experimente o mundo e compreenda os acontecimentos. Como já anteriormente ressaltado, a pessoa, agora denominada Ente, entra em contato primeiramente com o mundo e, ao ser lançada nesse mundo, vai aprendendo a ser conforme os fenômenos se mostram neste meio ambiente.

O ente está no mundo como ser único, pois o Ser-aí é somente nele mesmo.[178] Cada um tem a sua vivência e experiência que apresenta o Ser-aí como único na sua essência formada pela sua existência, resultante das suas possibilidades. As possibilidades surgem nos horizontes históricos, apresentando aspecto temporal do Ser-aí. O tempo é a oportunidade do ser sendo da maneira como é, da maneira como se porta no mundo. O tempo é a verdade do ser.

O tempo é a verdade do ser em virtude de que, no tempo, no seu horizonte histórico de vida, o Ser-aí traz intrinsecamente toda a sua historicidade que vai direcionar o seu agir, direcionar o agir para ir ao encontro com a sua verdade. A historicidade

---

[178] HEIDEGGER, Martin. **Ontologia: hermenêutica da faticidade.** Tradução de Renato Kirchner. 2 ed. Petrópolis, RJ:Vozes, 2013a, p. 23. (2ª reimpressão março/2016). Título original: *Ontologie(Hermeneutik der Faktizitat)*.

constituída a partir dos horizontes históricos é a possibilidade que se apresenta, a verdade histórica do ser, o desvelamento naquilo de que fala. Para Heidegger, o Ser-aí possui seu caráter público por meio da falação:

> O ser-aí move-se (fenômeno fundamental) num modo determinado de falar de si mesmo, ao que chamaremos de *falação* (termo técnico). Nesse falar "de" si mesmo está e reside o modo mediano e público pelo qual o ser-aí se torna e se conserva a si mesmo. Na falação está e reside uma compreensão prévia determinada, que o ser-aí possui de si mesmo: o *"como isto ou aquilo"* segundo o qual o ser-aí fala de "si". Portanto, esta falação é o como em que uma determinada *interpretação* de si mesmo está à disposição do próprio ser-aí.[179]

A falação também é uma forma do Ser-aí se apresentar, se tornar público na cotidianidade, de se encontrar no impessoal. [...] É a repetição do

---

[179] Idem, p. 39.

discorrido que muitas vezes não se limita apenas à repetição oral, mas se alastra pelo escrito como 'escrevinhação'.[180] Diversas são as vezes que a falação está no impessoal, de forma que nem o próprio Ser-aí se reconhece nela. Representa o falatório inócuo, negativo. A falação que não pertence a ninguém, nenhuma pessoa se responsabiliza pelo que foi dito de maneira impessoal, afirma Heidegger.[181] A falação vem como forma de descredenciamento da mostração do Ser-aí, como se por muito se falar nada ter de conteúdo. É um enunciado sobre o que foi escutado que muitas vezes não representa algo consistente. A falação vem de encontro ao modo como outros ditam, é um existencialismo desenraizado.[182] Faz-

---

[180] HEIDEGGER, Martin. **Ser e Tempo**. Tradução e organização, nota prévia, anexos e notas de Fausto Castilho. Campinas, SP: Editora Unicamp; Petrópolis, RJ: Editora Vozes, 2012, p. 475. (1ª reimpressão 2014). Título original: *Sein und Zeit*.
[181] HEIDEGGER, Martin. **Ontologia: hermenêutica da faticidade**. Tradução de Renato Kirchner. 2 ed. Petrópolis, RJ:Vozes, 2013a, p. 40. (2ª reimpressão março/2016). Título original: *Ontologie(Hermeneutik der Faktizitat)*.
[182] HEIDEGGER, Martin. **Ser e Tempo**. Tradução e

se necessário acalmar o interior para reorganizar os sentidos e significados. É preciso o mediador ter a sensibilidade de auxiliar o Ser-aí a se localizar, para encontrar ou não a pessoalidade na falação, para manter aberto o Ser-no-mundo em um entendimento articulado, pois:

> A falta de solo do falatório não o impede de ingressar no que é público, mas favorece seu ingresso. O falatório é a possibilidade de tudo entender sem uma prévia apropriação da coisa. O falatório já protege por antecipação contra o perigo de malograr em tal apropriação. O falatório, eu qualquer um pode obter, não só dispensa da tarefa de um entendimento autêntico, mas desenvolve uma entendibilidade indiferente para a qual já nada está fechado. [...] o falatório não tem o modo-de-ser do consciente *dar algo como algo*. O sem solo ser-dito e ser-transmitido acaba fazendo que o abrir se converta em um fechar, pois o dito é sempre entendido de imediato como 'dizendo algo',

---

organização, nota prévia, anexos e notas de Fausto Castilho. Campinas, SP: Editora Unicamp; Petrópolis, RJ: Editora Vozes, 2012, p. 477. (1ª reimpressão 2014). Título original: *Sein und Zeit*.

> isto é, como descobridor. Dessa maneira, *não retornando* ao fundamento daquilo sobre o que discorre, o falatório é sempre um fechamento a partir de si mesmo e conforme o próprio abandono.[183]

Portanto, diante do falatório na impessoalidade e da possibilidade de distanciamento do mediando, o mediador deve atuar realizando perguntas que visam buscar fundamentos e justificativas que possam auxiliar o Ser-aí a retirar da falação o que não lhe pertence ou, até mesmo, o que se reconhece como sendo do outro. Assim, o processo de mediação poderá transcorrer com maior desembaraço por meio da consciência do que realmente é do e o mediando. O Ser-aí tem que ser autêntico. A função do mediador é deixar a parte, a princípio, ficar e buscar no falatório o entendimento do fechamento do discurso e do modo de abertura para posteriores

---

[183] Idem, p. 475-477

percepções. O resumo colaborativo auxilia os mediandos a reconhecerem a falação.

As questões divergentes vêm à tona e o conflito surge justamente por estas não estarem claras e lúcidas o bastante acerca do Ser-aí. Como a historicidade, por meio da rede referencial, mostra-se nos pré-conceitos que são importantes para solução das possibilidades, tem-se que o Ser-aí deve compreender todo este processo advindo da sua historicidade. Tem que reconhecer seus pré-conceitos e o que é favorável ou não em sua historicidade. Por isso a importância e característica da Mediação Fenomenológica, pois o mediador deverá, além da percepção usual, ter a ciência da importância em localizar na temporalidade o mediando e interpretar o que ocorreu. Para isso, o mediador deve buscar esclarecimentos de como era a vida do mediando antes da questão surgir, quais as suas origens, hábitos, valores, influências, cultura e traduzir ao mediando o modo autêntico de ser, de Ser-aí. Deve trazer esta realidade, a mostração de como o Ser-aí se portava, como ele é na essência, na sua existência. Heidegger conclui que:

> *A "essência" do Dasein reside em sua existência.* Os caracteres que podem ser postos à mostra nesse ente não são, portanto, "propriedades" subsistentes de um ente que subsiste com este ou aquele "aspecto", mas modos-de-ser cada vez possíveis para ele e somente isso. Todo ser-assim desse ente é primariamente ser. Por isso, o termo *"Dasein"* com que designamos esse ente não exprime o seu *que*, como é o caso de mesa, casa, árvore, mas o ser".[184]

O Ser-aí, então, não designa o que é, mas sim o estar sendo do ser na sua essência, que é a própria existência - a existência que se mostra para o mundo de acordo com a experiência vivida pelo Ser-aí. Nessa experiência, o ser se mostra e assim o faz diante de um cuidado dele com ele mesmo. Autocuidado este tão importante na mostração do modo de ser. O modo como o ser se porta diante

---

[184] Idem, p. 139-141.

das coisas determina o Ser-aí; o modo como o ser se relaciona, ele é, ele se apresenta. Ao identificar o Ser-aí para o mediando, o mediador o localizará no presente, após o reconhecimento do que era e estava no passado, buscando elementos que possam esclarecer o hoje. A temporalidade deve ser bem delimitada para que o Ser-aí possa olhar para frente de forma límpida, sem entraves que o impeçam de seguir em frente.

No procedimento de mediação, duas ou mais pessoas estão envolvidas em uma relação de conflito, ou seja, dois ou mais entes, duas ou mais existências, dois ou mais Ser-aí. Cada um em seu horizonte histórico. O Ser-aí sendo diante de várias circunstâncias que o tornaram como é, e a sua vivência nos acontecimentos em certo momento não sendo compreendida. Então, tem-se o conflito pela não compreensão do próprio Ser-aí ou do outro. É o deixar se levar pelo automatismo sem se perceber.

Portanto, o mediando traz consigo a sua historicidade, que foi formada pelos pré-conceitos, diante da sua vivência, na essência, na sua verdade. É por isso que se faz necessário, primeiro, legitimar sentimentos e discursos do Ser-aí para localizar a temporalidade histórica, fazendo com que as circunstâncias se tornem mais claras e nítidas, facilitando o entendimento do que ocorreu. Faz-se a busca da justificativa do ser no passado, e assim, diz Heidegger,[185] não é destruído, como o que simplesmente deixou de ser, fora de um agora de outrora. No passado uma presença é procurada, mas não no resgate do ser, e sim na justificativa, reconhecimento e desvencilhamento do Ser-ente para entender o Ser-aqui. Na compreensão surge a conscientização do presente. Heidegger acrescenta que, ontologicamente, o hoje supõe: *o presente do agora*, o impessoal, o ser e estar com o outro, "nosso tempo". "Hoje", em nossos dias, supõe cotidianamente, desvanecer, ficar absorvido pelo mundo, falar dele, cuidar de coisas.[186]

---

[185]Idem, p. 189/191.
[186] HEIDEGGER, Martin. **Ontologia: hermenêutica da faticidade.** Tradução de Renato Kirchner. 2 ed. Petrópolis,

Após encontrar a justificativa no passado, é necessário trazer o Ser-aí para o presente, para que possa ser o que realmente se é, um ser autêntico, [...] ser que se mostra no puro perceber vidente e só esse ver descobre o ser. A verdade originária e autêntica reside na pura visão.[187] Na mediação, deve-se reconhecer o outro como existente na sua essência de ser. Os mediandos existem na relação, nas questões, nos conflitos.

O mediador deve, portanto, atuar identificando cada momento de existir dos mediandos, assegurando-se do modo adequado de se aproximar durante a sessão de mediação. Caso seja necessário, o mediador poderá atuar nessa etapa em momentos distintos, mas em igual tempo e modo com os mediandos, para manter a imparcialidade.

RJ:Vozes, 2013a, p. 38. (2ª reimpressão março/2016). Título original: *Ontologie(Hermeneutik der Faktizitat)*.
[187] HEIDEGGER, Martin. **Ser e Tempo.** Tradução e organização, nota prévia, anexos e notas de Fausto Castilho. Campinas, SP: Editora Unicamp; Petrópolis, RJ: Editora Vozes, 2012, p. 481. (1ª reimpressão 2014). Título original: *Sein und Zeit*.

Deve-se temporalizar o passado apenas como localizador da justificativa, honrar e entender a rede referencial e voltar ao presente com foco nas possibilidades do futuro. É importante destacar neste momento também a realização dos resumos colaborativos para propiciar a compreensão e explicação da temporalidade com a maior fidedignidade possível, pontuando o que está no passado e realizando o retorno para a conscientização do presente. Deve-se inserir no resumo colaborativo da historicidade advinda da rede referencial. Os mediandos devem estar cientes da necessidade de compreender o outro dentro dos seus aspectos históricos e não deixar a culpa dominar a relação. Aliás, deve-se pensar no que vem a ser o ato de culpar o outro. Será que o outro é mesmo culpado ou é fruto da própria historicidade que pode cegar o Ser-aí diante dos pré-conceitos? Não se resume ao fato simples de excluir culpa. Não se deve incuti-la em processo que surgiu apenas como consequências da historicidade, pois a suposta culpa não é resultado da ação consciente do Ser. Essa atitude influencia muito no procedimento de mediação. Não se deve procurar onde está a culpa. É preciso tentar compreender o outro. Principalmente em relacionamentos que envolvam sentimentos, o amor deve ser preservado e, se não há mais como preservá-lo em virtude de desgastes por ações passadas, que pelo menos sobressaia o respeito ao outro como forma de compreensão.

O Ser-aí se constitui um ser autêntico que, ao entrar no mundo, sofre as influências e, com isso, pode alterar a estruturação dos pré-conceitos. Até que ponto esses pré-conceitos auxiliam no processo de compreensão se estão no Ser-aí como vivências? Heidegger explica que o impessoal possui algo certamente positivo, não é somente um Fenômeno de Abandono, mas é, enquanto tal, um como do Ser-aí fático.[188] Os pré-conceitos estão

---

[188] HEIDEGGER, Martin. **Ontologia: hermenêutica da faticidade.** Tradução de Renato Kirchner. 2 ed. Petrópolis, RJ: Vozes, 2013a, p. 24. (2ª reimpressão março/2016). Título original: *Ontologie(Hermeneutik der Faktizitat)*.

inseridos no Ser-aí para auxiliar no entendimento do agir no mundo. São ideias pré-concebidas sobre algo. O Ser-aí, na sua autenticidade, se relaciona consigo mesmo, sendo o que é quando projeta o que é. O ser autêntico tem que pensar sobre ele mesmo, os desejos, os contrastes. Decide como ser, mas, para isso, precisa estar envolvido na sua autenticidade. O ser tem que entender que os pré-conceitos devem permanecer até no ponto de dizer de sua própria autenticidade, todavia não com o olhar negativador, que vá além de si mesmo, de encontro com outrem para fomentar o conflito. Dessa maneira, o que é da autenticidade do outro é dele e não deve interferir no mundo do Ser-aí, aqui pautado no mundo do mediando. Portanto, o mediando deve ter consciência de seus próprios pré-conceitos advindos da rede referencial, mantendo sua autenticidade sem deixar que interfira no entendimento pela autenticidade do outro. Portanto, o Fenômeno do Abandono visa a uma sobreposição da impessoalidade e do abandono, do esquecimento do Ser-aí.

Cada parte tem a sua verdade, pois ela está inserida nas suas possibilidades. Não está presente na mediação a concepção do oposto como falso. O mediando, sendo, compreende o seu interesse como verdadeiro. Assim o é para ele. É necessário trazer à tona as partes para que possam ser no procedimento de mediação. O mediador deve agir atento à linguagem do hipossuficiente para, no zelo da principiologia da igualdade, ressaltar a existência de verdades importantes para ambas as partes. Isto é, ressaltar a escolha de ser e como ser. A pessoa tem que existir com ela mesma, perceber o que está fazendo, legitimando os interesses e necessidades importantes para ela mesma. Escolher como se fornece o fio condutor para a estruturação futura das possibilidades. É necessário o mediando estar disposto a ser autêntico, estar envolvido na sua autenticidade, visto que, assim, ele irá se reencontrar para ser. Com isso, o Ser-aí poderá decidir como ser.

Porém, para manter-se na autenticidade, o Ser-aí deve usar não a técnica, mas sim o

Fenômeno da Atenção nos seus atos da cotidianidade. O Fenômeno da Atenção deve estar inserido no modo de ser da cotidianidade, na mundialidade.

Na vida da Era da Transformação Digital, o Ser-aí acostuma-se a ser na vivência da cotidianidade, sem dar importância aos seus pensamentos e ao agir, faz como se colocasse a vida no automático e iniciasse o dia sem ao menos procurar manter atenção no fazer, no pensar, no ser. Assim, entende estar inserido no mundo da técnica com tantas normas e padrões a serem seguidos, com tantos códigos de conduta, mas, na verdade, ele não está. O homem não presta atenção nos seus atos e palavras, usa a vida de modo automático. Assim, o ser humano pode se autossabotar por não estar consciente das suas atitudes.

É necessário estar atento ao pensar e, com isso, ao ser, ao agir, à existência, para que o Ser-aí possa se manter na autenticidade e ser a presença para poder se apropriar de si, ser a sua possibilidade. O homem está tão inserido em aspectos técnicos, profissionais, mas esquece que o suposto tecnicismo também alcança o modo de ser. Manter a consciência, a presença, também exige técnica.

O Ser-aí é como Ser jogado no mundo e que, livre de perspectivas, vai compreendendo o mundo a partir do momento que ele se mostra e aprende a pensar diante dos pré-conceitos que surgem na temporalidade e na historicidade. No conflito, ele deve se reencontrar na autenticidade, para conseguir encontrar a sua verdade e, consequentemente, a sua possibilidade. E o outro nesta relação? Como ele se encontra e qual a influência dele no Ser-aí? A seguir, será analisada a relação entre os mediandos.

7.4 O Ser-com na pessoalidade e impessoalidade

O Ser-aí vive no mundo, no seu meio-ambiente com outros instrumentos, outros entes, outros Seres-aí. Nessa perspectiva e de acordo com Figal, deve-se esclarecer que o ser humano está no mundo, mas não categorizável conforme enuncia Heidegger, visto que as categorias são as determinações universais de um objeto em sua objetividade,[189] são as qualidades comuns a todos os seres, conteúdo concreto de um domínio próprio,[190] e o momento fenomenológico de existência não há como categorizar. Para Heidegger:

> [...] esse também-ser-aí com eles não tem o caráter ontológico de um ser-subsistente -"com" no interior de um mundo. O "com" é um conforme-ao-*Dasein*, que "também" significa a igualdade do ser como um ser-no-mundo do ver-ao-redor-ocupado. "Com" e "também" devem ser entendidos como *existenciários* e não como categorias. Sobre o fundamento desse *com* no ser-no-mundo, o mundo já é sempre cada vez o que eu partilho com os outros. O mundo do *Dasein* é mundo-com. O ser-em é *ser-com* com outros.

---

[189] FIGAL, Gunter. **Introdução a Martin Heidegger**. Tradução de Marco Antônio Casanova. Rio de Janeiro: Via Veritá, 1949 -2016, p. 14. Título original: *Phanomenologie der Freiheit*.

[190] HEIDEGGER, Martin. **Ontologia: hermenêutica da faticidade.** Tradução de Renato Kirchner. 2 ed. Petrópolis, RJ: Vozes, 2013a, p. 91. (2ª reimpressão março/2016). Título original: *Ontologie(Hermeneutik der Faktizitat)*.

> O ser-em-si do interior-do-mundo desses últimos é ser-"*aí*"-com.[191]

Acrescenta que o conceito de homem, em qualquer das concepções categoriais legadas pela tradição, impede, inicialmente, de ver aquilo que se deve considerar enquanto faticidade.[192] Não há como encontrar uma qualidade comum a todos os seres humanos no momento de existência. Cada qual irá existir à sua maneira, irá se relacionar com o mundo, se mostrará de uma forma única e individualizada, como analisado anteriormente. A temporalidade é fenômeno fundamental da faticidade, pois não é categoria, e sim um existencial.[193]

---

[191] HEIDEGGER, Martin. **Ser e Tempo**. Tradução e organização, nota prévia, anexos e notas de Fausto Castilho. Campinas, SP: Editora Unicamp; Petrópolis, RJ: Editora Vozes, 2012, p. 344-345. (1ª reimpressão 2014). Título original: *Sein und Zeit*.
[192] HEIDEGGER, Martin. **Ontologia: hermenêutica da faticidade.** Tradução de Renato Kirchner. 2 ed. Petrópolis, RJ:Vozes, 2013a, p. 34. (2ª reimpressão março/2016). Título original: *Ontologie(Hermeneutik der Faktizitat)*.

> A perspectiva que se tem do homem segundo a direção da definição de "animal rationale" faz com que se veja dentro do âmbito dos entes que junto com ele existem ao modo do vivente (plantas, animais) e, em particular, como o ente que possui linguagem, que se refere ao seu mundo e que fala sobre ele; seu mundo, que está aí antes de tudo na lida que é a práxis e que implica o ocupar-se em sentido mais amplo.[194]

O Ser-aí se encontra no mundo na sua autenticidade, no seu mais íntimo modo de ser, e começa a relacionar-com e, então, vai se inserindo de conhecimentos que não lhe pertencem, que foram adquiridos a partir da mostração dos outros e dos instrumentos, mas que, como consequência, nele se sedimentam. Está diante dos pré-conceitos. A existência de pré-conceitos não impede o ser de viver com os outros. Pelo contrário, o pré-conceito sinaliza ao Ser-com durante a convivência, a qual é realizada diante de certo critério. Deve-se alertar

---

[193] *Idem*, p. 39.
[194] *Idem*, p. 36.

para o que ocorre na sociedade, mas de que as pessoas geralmente não se dão conta. Diante dos conhecimentos sedimentados, o Ser-aí sai da pessoalidade e se encontra na impessoalidade, jogado no mundo, convivendo com outros. Essa impessoalidade o direciona a agir, pensar como todos agem e pensam, e, por isso, torna-se impessoal perante o fato de não estar mais na autenticidade. Essas questões aqui reforçadas visam à melhor contextualização temática, pois já foram abordadas anteriormente.

A relação de dominação no espaço impessoal deve ser percebida e identificada pelo mediador, seja de um mediado com o outro ou do mediado com familiares e terceiros. Esse tipo de modo de ser não cria um fio condutor, um elo entre as partes, e sim distancia os mediandos entre si, gerando sofrimento para o outro. Heidegger fala do impessoal ao descrever o distanciamento resultante da dominação do comum que:

> [...] nesse distanciamento inerente ao ser-com, o *Dasein* como cotidiano ser-um-com-o-

> outro está na sujeição aos outros. Ele não é si-mesmo, os outros lhe retiram o ser. Os outros dispõem a seu bel-prazer sobre as cotidianas possibilidades de ser do *Dasein*. Nisso esses outros não são outros *determinados*. Ao contrário, cada outro pode representá-los. Decisivo é somente o domínio dos outros, não surpreendente, despercebido e já assumido, que o *Dasein* sofre como ser-com. A gente mesma pertence aos outros e consolida o seu poder. [195]

Por isso, é necessário que o mediador crie condições para que o hipossuficiente se posicione, potencialize a autonomia e a vontade de se preocupar com ele mesmo com prioridade. A impessoalidade é nociva quando não permite que o mediando se reconheça, sendo o que os outros são cegamente, sem se questionar o porquê do agir e do

---

[195] HEIDEGGER, Martin. **Ser e Tempo.** Tradução e organização, nota prévia, anexos e notas de Fausto Castilho. Campinas, SP: Editora Unicamp; Petrópolis, RJ: Editora Vozes, 2012, p. 363. (1ª reimpressão 2014). Título original: *Sein und Zeit*.

pensar. A impessoalidade é a descaracterização do Ser-aí no mundo circundante.

Há outra forma de Ser-com no toda da medianidade. Nesse contexto, o Ser-com vive medianamente na busca de um modo igual de ser, em que impera o [...] nivelamento de todas as possibilidades-de-ser.[196] O Ser-com desvencilha dos seus segredos, dos seus momentos factuais, da sua originalidade, para estar inserido na vida mediana. Assim, o Ser-com está na fenomenologia da publicidade. Aí está inserido também o falatório, como analisado anteriormente, o desvelamento da linguagem da cotidianidade, sem nenhuma criatividade e autenticidade. O Ser-com, ao se relacionar com o outro, se abre para a indiferença, para o modo da estranheza.[197] Esta impessoalidade é um modo de igualar as pessoas, as coisas mesmas. O Ser-aí na cotidianidade adquire a

---

[196] *Idem*, p. 365.
[197] Idem, p. 449.

posição prévia por meio da concepção prévia que se resume na temporalidade do Ser-aí.

Todos agem dentro de certo padrão previamente estabelecido pela coletividade, o que torna o Ser-aí impessoal. Se for diferente, agir diferente, se mostrar diferente, o Ser-aí passa a ser um estranho na coletividade, fora do critério comum e do padrão estabelecido pela sociedade. Ao cair na cotidianidade, o outro já não permanece no lugar de destaque antes ocupado na singularidade, sendo agora simplesmente o outro. Os mediandos, por mais que sejam considerados sujeitos ativos no conflito, agem com impessoalidade sem querer se responsabilizar pelas próprias decisões. Desse modo, preferem agir como os outros agem, fazendo e pensando como os outros, mencionando suas decisões em posicionamentos de outros. Cada um é o outro e nenhum é ele mesmo.[198]

---

[198] *Idem*, p. 367.

Portanto, para ser autêntico, o Ser-aí tem que se sustentar, que dar conta de si mesmo perante outros, mesmo que seja dolorosa a mostração. O Ser-aí deve desnudar e assumir suas verdades dentro de suas possibilidades, para não se perder na coletividade. As decisões do Ser-aí não devem ser realizadas conforme o modo impessoal, mas sim tê-lo apenas como um referencial para a tomada de decisão.

Após se mostrar com conhecimentos sedimentados, o Ser-aí está localizado na impessoalidade, vivendo na comunidade, relacionando-se e compartilhando. O Ser-com deixa o Ser-no-mundo e o Ser-aí e passa a conviver com os outros como cópia destes, da forma como os outros querem e determinam.

Esse conviver requer muito zelo. A pessoa não pode ficar eternamente no impessoal, não pode ser assim como um modo permanente. O primeiro cuidado é com o Ser-aí, para que não adquira conhecimentos sedimentados que ultrapassem a principiologia ética do viver. O segundo cuidado é ao se relacionar. O Ser-com deve ser bem compreendido na linguagem com o outro para querer alcançá-lo. O conviver-com é delicado e deve ser munido de plena atenção nas palavras e, até mesmo, no silêncio, que é, também, uma forma de discurso.

O silêncio é valioso quando a pessoa não tem o que falar produtivo e prefere se calar. Quando não se pode falar sobre, é melhor permanecer no silêncio. Com isso, o silêncio se torna constitutivo do momento do Ser-com. Na mediação, as partes trazem as suas versões sobre a percepção do outro e de situações, o que resulta um fomento do ambiente conflituoso. O mediador deve estar atento para trazer às partes a certeza de que devem trabalhar cada uma com os seus interesses e necessidades, sem mencionar conjecturas na mesa de mediação. Conjecturas e especulações constituem vícios na linguagem. A conscientização de que os mediandos devem falar apenas do que têm a própria certeza irá diminuir o nível litigioso.

Assim, diante do silêncio, o mediador deve avaliar qual a melhor posição: incentivar a manutenção do silêncio ou auxiliar o mediando a externar ao outro seu pensamento. É preciso que o mediador interprete o silêncio da melhor forma possível e de maneira fidedigna, pois é um momento delicado e que pode contribuir muito para o bom andamento do trabalho.

É hora de auxiliar o mediando a ver no silêncio uma oportunidade de potencializar a autonomia e o aprendizado de habilidade de saberes, seja para externar o que precisa ser, seja para se calar diante de desnecessidades.

O terceiro cuidado diz respeito à fala transbordante que pode significar um falatório inócuo, despido de significados. [...] Aquele que fala sem saber o que está falando, sem entender as palavras pronunciadas, está apenas usando expressões gramaticais. Não está intencionando expressão alguma. Por outro lado, na consciência, dão-se a intenção significativa (ou signitiva) e a intenção intuitiva.[199] Como a linguagem é a morada do ser,[200] o Ser-aí tem que ter zelo para com sua morada e manter o respeito consigo mesmo. A impessoalidade deve existir naquelas questões comuns, rotineiras ao Ser-aí, mas sem que ele perca a sua identidade e a autenticidade mínimas, mantendo preservado este campo de existir. O descerramento do Ser deve ser na medida certa. Não se pode esquecer de si mesmo ao colocar a vida na cotidianidade. A fala deve conter significados, e não apenas falar para nada dizer. Cumpre destacar que há diferença entre o falatório impessoal e o falatório inócuo: o primeiro é fundamentado na mostração de outros; o segundo é dizer um nada, insubsistente. Ambos, quando presentes, não auxiliam nos trabalhos e, portanto, devem ser demarcados pelo mediador, para que os

---

[199] MEGALE, Maria Helena Damasceno e Silva. **A Fenomenologia e a Hermenêutica Jurídica.** Belo Horizonte:Faculdade de Direito da UFMG, 2007, p. 28.
[200] HEIDEGGER, Martin. **Carta sobre o humanismo** / Martin Heidegger. Tradução de Rubens Eduardo Frias. 2 ed. rev. São Paulo: Centauro, 2005, 89 p. Título original: *Lettre sur l'humanisme*.

mediandos entendam suas atitudes e possam aprender habilidades de saberes e o agir diferentes.

Ao se relacionar-com, o Ser-aí se depara com momentos delicados, que transparecem a incompreensão, seguindo, assim, para o surgimento do conflito. Coloca-se uma pedra no meio do caminho. E o que fazer com essa pedra que impede inicialmente de agir? O Ser-aí poderá usar a pedra para transpor obstáculos e seguir em frente, de acordo com as aulas de Megale.[201] Para poder agir, o Ser-aí deve estar aberto à compreensão, deve olhar para frente e perceber que o importante é sair da posição cômoda e tentar localizar uma possibilidade, o existir de si mesmo. Esta é a atitude perfeita, mas que, dependendo da espacialidade, não será possível.

Contudo, e diante do conflito instaurado, tem-se a questão a ser resolvida. Na mediação, as pessoas ficam com receio de agir fora do padrão

---

[201] As aulas foram presenciadas pela autora desta obra no curso de Pós-graduação da Faculdade de Direito da Universidade Federal de Minas Gerais enquanto doutoranda.

que os outros estabeleceram para elas. Sair da impessoalidade e ter que dar conta da autenticidade não é tarefa fácil. Por exemplo, diante de um conflito de família, em que há uma traição, muitas vezes, na sua impessoalidade, o mediando renuncia aos seus direitos em favor do outro, pois ele não consegue lidar com as questões negativas. Em outra situação, a mulher não renuncia a nada, exige o que é de direito e mais alguma coisa, visto que seu parente, por exemplo, disse que ela deveria deixar o ex-marido na miséria por desaforo. Mas o que é melhor para a pessoa diante dos seus sentimentos, interesses e possibilidades? Só ela mesma saberá lidar e dizer. Assim, ela deve se desvincular de parâmetros sociais preestabelecidos e tentar buscar a sua própria vontade, o que a fará realmente bem, confortável e realizada. Daí a importância da atuação do mediador, que, ao perceber, irá interpretar e legitimar os sentimentos, ajudar o mediando a lidar com as dificuldades e a manter a sua autenticidade, reconhecer até onde são os outros e em qual parte se encontra. Ainda, trazer à mesa a importância da historicidade nas relações entre as pessoas como forma de separar a pessoalidade da impessoalidade.

Na mediação, os mediandos se colocam em posição antagônica e, muitas vezes, na postura ao se sentarem, eles já se mostram contrários uns aos outros – sentam-se ao lado, mas com o corpo voltado para o oposto. Assim, percebe-se a estranheza, o que gera o bloqueio da compreensão e não permite que a escuta seja realizada. É necessário o mediador localizar na estranheza a similitude. Só compreende a estranheza ao localizar a similitude entre algo. Estranheza é um elemento universal, e é na estranheza que vamos encontrar a similitude, sendo esta, também, universal. Estranheza e similitude são elementos da linguagem.[202] A linguagem é a morada do ser.[203] O

---

[202] Este é o pensamento de Georg Simmel na obra Filosofia do Amor, citado pela profª. Maria Helena Megale nas aulas que foram presenciadas pela autora desta obra no curso de Pós-graduação da Faculdade de Direito da Universidade Federal de Minas Gerais enquanto doutoranda.
[203] HEIDEGGER, Martin. **Carta sobre o humanismo** / Martin Heidegger. Tradução de Rubens Eduardo Frias. 2 ed.

Ser-aí tem que buscar a sua compreensão em seu horizonte hermenêutico.

A atividade hermenêutica está inserida na mediação na relação do Ser-com. Compreender significa entender o significado do mundo, sendo este constituído por uma rede de significados, por uma possibilidade de relações. Desse modo, a hermenêutica é sempre uma compreensão de sentido, de busca do ser que se expressa, que fala e dá-se a compreensão do mundo a partir da linguagem do ser. Com isso, descobre-se, por meio da linguagem, o discurso, pois o mundo diz como o Ser-com deve agir, isto é, a significação do mundo. Portanto, a hermenêutica é uma tarefa de compreender a existência do ser que se mostra, ou seja, uma ontologia fenomenológica. A racionalidade como capacidade de conhecer[204] o ser atuará na tarefa de auxiliar na compreensão.

---

rev. São Paulo: Centauro, 2005, 89 p. Título original: *Lettre sur l'humanisme*.

[204] HEIDEGGER, Martin. **Ontologia: hermenêutica da faticidade.** Tradução de Renato Kirchner. 2 ed. Petrópolis,

Quando o Ser-com sai da impessoalidade e se volta para a pessoalidade, quando dá conta de se sustentar na sua autenticidade, há uma eliminação do distanciamento dele com ele mesmo, uma queda de obstáculos, já que [...] quando o Ser-aí descobre propriamente o mundo e dele se aproxima, quando ele abre para si mesmo seu próprio ser, esse descobrir de 'mundo' e abrir do Ser-aí sempre acontecem como remoção de encobrimentos.[205] Nessa abertura, o Ser-com se enche de si e se ilumina, o que gera força maior ainda para ser pessoalidade, Ser-aí. A presença é a sua abertura, porque, estando presente, ele está compreendido, interpretado e conhecendo a si para o mundo. Insere-se, nesse contexto, o Fenômeno da Atenção, conforme abordado anteriormente. Heidegger afirma que o Ser-aí é 'iluminado', o que significa

---

RJ:Vozes, 2013a, p. 36. (2ª reimpressão março/2016). Título original: *Ontologie(Hermeneutik der Faktizitat)*.
[205] HEIDEGGER, Martin. **Ser e Tempo**. Tradução e organização, nota prévia, anexos e notas de Fausto Castilho. Campinas, SP: Editora Unicamp; Petrópolis, RJ: Editora Vozes, 2012, p. 371. (1ª reimpressão 2014). Título original: *Sein und Zeit*.

que, *como* Ser-no-mundo, ele é em si mesmo 'iluminado', não por receber a luz de outro ente, mas porque ele mesmo é claridade da clareira.[206] Então, deve se iluminar com a maior intensidade possível, porque ele existe para ele mesmo, para conviver primeiramente com ele mesmo.

O Ser-com deve estar sempre aberto às possibilidades, ao futuro, ter diálogo consigo mesmo e com os outros. Agindo dessa maneira, terá uma pré-compreensão que o auxiliará a interpretar, diante da manutenção da sua autenticidade e da impessoalidade. Deve-se ficar atento à medida certa entre a pessoalidade e impessoalidade. Este equilíbrio traz à tona a neutralidade necessária para analisar as possibilidades. Destarte, o "Ser-com" torna-se um ser com os outros, um ser neste equilíbrio para que possa conseguir compreender a realidade na qual está inserido, na temporalidade e na espacialidade.

---

[206] *Idem*, p. 381.

Qual é a fronteira da real compreensão do outro? É necessário desconstruir e pensar na equivocação da percepção do Ser-com sobre o outro para possibilitar uma compreensão através da linguagem externada pelo outro. Os pré-conceitos devem ser separados entre aqueles que são autênticos, imanentes do Ser-com, daqueles inautênticos ou ilegítimos, que foram incorporados pela mera imposição da sociedade, da impessoalidade. O Ser-com não pode permitir que os pré-conceitos o levem a agir de forma não virtuosa.

O Ser-com deve procurar melhorar a sua relação com o outro, o seu modo de ser com o outro, e a mediação lhe proporcionará este agir. Por meio da análise do outro, o Ser-com pode perceber o seu próprio modo de agir, diante da analogia do reflexo no espelho. É preciso estar atento à escuta do outro, ao modo de ser do outro e à percepção de extensão de si mesmo diante do conflito. O outro age como reflexo do agir do Ser-com. Assim, o mediando está diante da oportunidade de aprendizado e de mudança no relacionamento com a outra parte. Daí a importância da fenomenologia – deixar o outro se mostrar e, na mostração, procurar perceber e compreender a relação com o outro e consigo mesmo.

Outra questão que merece atenção é a equivocação. O mediador deve atuar no sentido de pesquisar, investigar o interesse e a necessidade das partes, para evitar a equivocação. Na linguagem existe sempre a equivocação, mas, para dirimir equívoco, é imprescindível o questionamento. A linguagem possui o escopo, também, de externar a terceiros o mais próximo possível do que se pensa e do que se fala. Mas nem sempre isso ocorre na mediação. O ouvir, ou melhor, o escutar não se aperfeiçoa com fidedignidade. O mediador deve provocar esclarecimentos da linguagem, com o objetivo de tornar, o mais claro possível, os interesses e as verdades íntimas, para, assim, os mediandos percorrerem o caminho da abertura para as possibilidades.

7.5 A COMPREENSÃO COMO ATO PREPARATÓRIO PARA OS TRABALHOS DE ELABORAÇÃO DAS POSSIBILIDADES

O Ser-aí convive com ele mesmo, na sua essência ao existir. Sendo o Ser-com, relaciona-se com os outros e apresenta-se em momentos como Ser-no-mundo, na cotidianidade com critérios medianos da normalidade, na totalidade de significados. Para tanto, é necessário que se reconheça a rede referencial obtendo conhecimentos sedimentados, ou seja, os pré-conceitos. A rede referencial comporta e traduz sentimentos, percepções e a historicidade do Ser – constitui a explicação como resultado da compreensão do Ser. A investigação se faz no horizonte liberado pelo tempo. A partir do fio condutor da explicação, há um legado que surge do passado, como modo de presença do Ser. Este modo de presença irá determinar o existir para o futuro.

O mediador deve atuar iluminando o horizonte da total compreensão para os mediandos, tendo em vista que nessa etapa eles devem ser contextualizados e, consequentemente, terem plena consciência dos motivos que impulsionaram as atitudes e falas um do outro e de si mesmo, por meio da escuta ativa e da abertura ao tratar das questões que foram apresentadas na pauta do procedimento, dentro da respectiva rede referencial, desde o momento da mostração do conflito.

Para tanto, os mediandos devem ter plena consciência do seu momento de existência e completa compreensão de como ele está sendo em seu caráter próprio do Ser-aí. O compreender só surge a partir da presença do existencial. O Ser-aí deve se reconhecer mediante a existência em um total relacionamento com ele mesmo, um compromisso de estar no campo de sentidos com disposição de abrir as barreiras e sair do espaço da alienação. Heidegger afirma que:

> O entender é sempre um entender em um estado-de-ânimo. Ao interpretá-lo como existenciário fundamental, mostra-se que esse fenômeno é assim concebido

como *modus* fundamental do *ser* do Ser-aí.
[...] Existindo, o *Dasein* é o seu "aí", o que significa, assim: o mundo é "aí"; o seu *ser-"aí"* (*Da-sein*) é o ser-em. E este é igualmente "aí", isto é, como aquilo em-vista-de-que o *Dasein* é. No em-vista-de-quê, o existente ser-no-mundo abre-se como tal, abertura essa que foi denominada entender. No entender do em-vista-de-quê é coaberta a significatividade que nela se funda. A abertura do entender, como abertura do em-vista-de-quê e da significatividade, é cooriginariamente abertura do completo ser-no-mundo. A significatividade é aquilo-em-relação a que o mundo, como tal, é aberto. Que o em-vista-de-quê e a significatividade são abertos no *Dasein* significa: o *Dasein* é o ente para o qual, como ser-no-mundo, está em jogo o seu próprio ser.[207]

---

[207] HEIDEGGER, Martin. **Ser e Tempo**. Tradução e organização, nota prévia, anexos e notas de Fausto Castilho. Campinas, SP: Editora Unicamp; Petrópolis, RJ: Editora Vozes, 2012, p. 407. (1ª reimpressão 2014). Título original: *Sein und Zeit*.

O mediando deve ter se encontrado para que possa se manter e se firmar para seguir adiante na próxima etapa. Deve estar pronto para o descerramento como projeto do seu próprio ser. Portanto, o mediado deve, nas etapas anteriores, e por meio do desvelamento, ter sido preparado para ser na pessoalidade e se sustentar nas suas escolhas. É imprescindível, aqui, que os mediandos tenham compreendido tudo que ficou para trás, tendo agora o marco temporal para o início de uma nova fase. Esta é a oportunidade de se buscar o que não ficou compreendido até então, pois [...] o trânsito de um como compreendido de maneira vazia a um como assumido deve tornar-se explícito, embora seja de modo sucinto, mediante as considerações metodológicas mais indispensáveis.[208] Quando consegue compreender, o mediando tem uma

---

[208] HEIDEGGER, Martin. **Ontologia: hermenêutica da faticidade**. Tradução de Renato Kirchner. 2 ed. Petrópolis, RJ:Vozes, 2013a, p. 85. (2ª reimpressão março/2016). Título original: *Ontologie(Hermeneutik der Faktizitat)*.

reação positiva de entendimento do mundo. Cumpre destacar o pensamento de Heidegger:

> O que o ver-ao-redor em seu para-algo interpreta como tal, isto é, o *expressamente* entendido, tem a estruturação do *algo como algo*. À pergunta do ver-ao-redor sobre o que é esse utilizável determinado, o ver-ao-redor responde interpretando: isto é para. A indicação do 'para quê' não é simplesmente a nominação de algo, mas o nominado é entendido *como* aquilo por que se pergunta.[209]

A fala do outro já não mais incomoda o mediando, porque ele já compreendeu que é a linguagem do outro como modo de se expressar, que pertence à historicidade apenas do outro, que é o modo da vida do outro, e isso, de modo algum, lhe pertence.

---

[209] HEIDEGGER, Martin. **Ser e Tempo**. Tradução e organização, nota prévia, anexos e notas de Fausto Castilho. Campinas, SP: Editora Unicamp; Petrópolis, RJ: Editora Vozes, 2012, p. 423. (1ª reimpressão 2014). Título original: *Sein und Zeit*.

Assim, o ato de compreender não é colocar-se no lugar do outro, e sim estar aberto para o campo de mostração dos sentidos diante do saber. Vai além do uso da empatia[210] - o mediando não

---

[210] Heidegger fala sobre empatia: Mas assim como o se abrir ou o se fechar para outrem se funda no respectivo modo-de-ser do ser-um-com-o-outro, mais ainda, nada mais é de que este mesmo, assim também a expressa abertura do outro pela preocupação-com só surge cada vez do primário ser-com com ele. Tal abertura do outro, temática, mas não por teoria psicológica, facilmente se converte em fenômeno eu de imediato se vê na problemática teórica do entender 'a vida da alma alheia". E assim, o que não é 'fenomenologicamente de pronto' senão um modo de ser-um-com-o-outro entendedor é entendido ao mesmo tempo como o que 'desde o princípio' e originariamente possibilita e constitui a relação com os outros. Esse fenômeno, chamado 'empatia', de uma maneira que não é precisamente feliz , teria somente ele a função de lançar uma como que ponte ontológica entre o sujeito próprio, o único dado de imediato, e um outro sujeito, de imediato totalmente fechado.
O ser relativamente a outros é sem dúvida ontologicamente diverso do ser em relação a coisas subsistentes. O ente "outro" tem o modo-de-ser do *Daisein*. No ser com outros e no ser em relação a outros reside, portanto, uma relação-de-ser de *Dasein* a *Dasein*. Mas essa relação, poder-se-ia dizer, já é no entanto constitutiva de cada *Dasein* próprio, o qual tem por si mesmo um entendimento-do-ser e, assim, se comporta em relação ao *Dasein*. A relação-de-ser relativamente a outros se torna então projeção 'em um outro' do ser próprio relativamente a si mesmo. O outro é uma duplicata do si-mesmo.É fácil ver ,contudo, que essa reflexão com aparência de algo-que-pode-ser-entendido-por-si-mesmo repousa sobre um solo frágil.A pretensão retorna como

deve apenas se colocar no lugar do outro. Deve, sim, estar ao lado do outro. Ao prestar atenção no outro, no mundo circundante há um movimento propício para retirar, afastar o mediando da rede referencial, iniciando uma análise subjetiva isolada, diretiva de todo o contexto, que a cada vez se enfatiza mais e mais, podendo gerar até um relacionamento negativo e impessoal, em que qualificações antipáticas e pedantes se sobrepõem ao Ser. Alguns doutrinadores preferem seguir a mediação *harvardiana* e pensar em focar no objeto do conflito separando as pessoas do problema, para que possam lidar com o problema, e não com as pessoas. Como pensar assim se na mediação há um relacionar claro com o outro não só naquele

---

pressuposto de uma argumentação que o ser do *Dasein* relativamente a si mesmo é o ser do *Dasein* relativamente a outro, algo impróprio. Enquanto não se mostrar tal pressuposto é evidente em sua legitimidade , o modo pelo qual a relação Dasein a si mesmo pode abrir o outro como outro continuará sendo um enigma. HEIDEGGER, Martin. **Ser e Tempo.** Tradução e organização, nota prévia, anexos e notas de Fausto Castilho. Campinas, SP: Editora Unicamp; Petrópolis, RJ: Editora Vozes, 2012, p. 358/359. (1ª reimpresão 2014). Título original: *Sein und Zeit.*

momento, mas visando a um saber em conviver diante de várias circunstâncias no futuro, propiciando um verdadeiro companheirismo? Não há possibilidade de simplesmente fechar o mundo para o lidar com o outro e utilizar o conflito na forma de utensílio, buscando as referências apenas nos sinais que os utensílios apresentam em determinado momento.

Focar no objeto do conflito, no cerne da questão, separando as pessoas do problema, é uma atitude que surge como reflexo da turbulência que envolve o conflito, bem como resposta aos usos das referências específicas que aparecem como mobilizadores estruturais da referência, utilizados, nesse caso, para realizar uma adjetivação sequenciada. Por exemplo, a esposa entende que o marido não é bom pai, qualificando-o como sujeito desprovido de amor aos filhos, não provedor da casa, descuidado com a saúde dos filhos. Portanto, faz-se necessário desfocar o outro, como ato preparatório para a próxima fase, para que possa enxergá-lo novamente inserido na rede referencial na qual ele estava anteriormente ao conflito, buscando indícios que o incluam na totalidade referencial da motivação do ente intramundano. Por isso, é importante que o mediador perceba e reconheça a rede referencial de ambas as partes, juntamente aos mediandos, e as auxilie nas interpretações, visando encontrar as justificativas do modo de ser do Ser-aí em momentos anteriores, mas sempre inserido na rede referencial. Assim, haverá uma melhor compreensão das atitudes, ações e reações. Diante deste entendimento, estará presente uma tolerância maior ao lidar com o outro, reconhecendo como Ser atuante perante a rede referencial no tempo, buscando suas justificativas e entendendo seu modo cotidiano de ser. Heidegger afirma que:

> [...] o tempo é o de onde a presença em geral compreende e interpreta implicitamente o ser. Por isso, deve-se conceber e esclarecer, de modo genuíno, o tempo como horizonte de toda compreensão e interpretação de ser. Para que isso se evidencie, torna-se necessária uma explicação originária do tempo

enquanto horizonte da compreensão do ser a partir da temporalidade, como ser da presença, que se perfaz no movimento de compreensão do ser.[211]

Outro movimento de conscientização que também se faz presente nesta etapa consiste no ato dos mediandos perceberem que algo aconteceu no mundo do conflito, que uma questão está entre eles. Com isso, os mediandos devem reconhecer a sua posição diante da questão e se refazer a partir de então, frente a uma crise teórica em que há questionamento dos pré-conceitos que foram sedimentando ao longo do percurso no relacionar-se, mas que pedem uma análise da crise existencial.

Nesta fase, é demandado um repensar em atitudes, falas que estiveram presentes durante o conflito, conceituação e conhecimentos que foram se sedimentando, mas que agora devem ser revistos e suspensos por meio de crises existenciais, em que haverá um repensar diante dos pré-conceitos

---

[211] Idem, p. 55.

surgidos no horizonte histórico, para que a experiência possa resultar em novas possibilidades.

O mediador deve provocar um momento de explanação das partes, com o intuito de certificar-se de que estão prontas. Os mediandos devem realizar um resumo de todo o contexto, explicando-o para apresentar a pré-compreensão como o primeiro entendimento da mostração mediante a fala e de tudo que foi dito na mesa de mediação, com o escopo de finalizar o momento do principal compreendido. Só após a compreensão do todo, será possível aos mediandos apresentar uma gama de possibilidades como fruto do seu meio ambiente como significante.

Algumas questões são incompreendidas diante da inércia que faz com que as pessoas não consigam lidar com o que se apresenta. Essas questões devem ser colocadas em uma caixa como um verdadeiro exercício da *epoché* [...] onde, em que tudo é colocado entre parênteses, suspenso, até que se resolva sobre a sua validade.[212] Pode ser que as partes consigam lidar-com em algum momento, no horizonte que se apresenta à época e pode ser que, no futuro, não tenha mais importância, pois concluíram que são apenas objetos que extrapolam e sem importância do contexto. Mas é preciso que fique claro aos mediandos se o não compreendido faz parte do principal ou não. Se fizer parte, será necessário voltar aos procedimentos anteriores e recomeçar a tentativa de compreensão.

O conflito propicia um refletir de que alguma coisa não está indo bem, que é preciso haver uma transformação para poder continuar. É necessário um movimento diferente para que os mediandos possam caminhar. Como a mediação é um percurso do desconstruir e construir no ir e vir, o mediador deve provocar o momento de curiosidade, de interesse das partes, para interpretar com elas, buscando entender a necessidade de

---

[212] MEGALE, Maria Helena Damasceno e Silva. **A Fenomenologia e a Hermenêutica Jurídica.** Belo Horizonte: Faculdade de Direito da UFMG, 2007, p. 22

quebra de paradigmas, e que, assim, o momento posterior de *brainstorm* seja realizado com êxito.

No fenômeno fundamental do ser interpretado, aparece o Fenômeno da Curiosidade, precisamente o como de um deter-se (de ser), que consiste em estar voltado para uma situação de maneira a determiná-la e conhecê-la.[213] A 'curiosidade' deve estar presente nessa fase como instrumento necessário para que os mediandos possam ir além com um sentimento propício, uma atmosfera de criação de possibilidades.

Insta, também, ressaltar, nesta etapa, a tonalidade afetiva,[214] que, dependendo dos sentimentos positivos ou negativos, proporciona uma abertura ou retração do espaço existencial. Neste momento, no qual se está preparando para

---

[213] HEIDEGGER, Martin. **Ontologia: hermenêutica da faticidade.** Tradução de Renato Kirchner. 2 ed. Petrópolis, RJ: Vozes, 2013a, p. 84. (2ª reimpressão março/2016). Título original: *Ontologie (Hermeneutik der Faktizitat).*
[214] HEIDEGGER, Martin. **Ser e Tempo.** Tradução revista e apresentação de Márcia Sá Cavalcante Schuback. Posfácio de Emanuel Carneiro Leão. 8 ed. Petrópolis, RJ: Vozes; Bragança Paulista, SP: Editora Universitária São Francisco, 2013c, p.194/195. Título original: *Sein und Zeit.*

elaborar as possibilidades, não há lugar para tristeza, medo, raiva e angústias. Estes sentimentos negativos, como a animosidade e o mau humor, conduzem a retração da espacialidade, o fechamento, cerramento do Ser-aí para o mundo. Devem ter sido legitimados, trabalhados e deixados para trás, pois o que se propõe daqui para frente é a presença da tonalidade afetiva, diante da atmosfera de ir em busca do melhor para o Ser-aí, tempo no qual o mediado irá trabalhar para encontrar, dentro de seus interesses, o que mais lhe convém e, assim, voltar todo o pensamento para boas perspectivas. Daí a importância de tratar da tonalidade afetiva. A tonalidade afetiva fundamental que advém da ontologia fundamental, da existência, do impróprio, o ser neutro e que se abre para o mundo mantendo-o aberto. No projetar do entender, o ser humano é aberto em sua possibilidade para [...] um todo de significatividade, em cujas relações-de-remissão a ocupação, como Ser-no-mundo, fixou-se de antemão.[215] Esta abertura é propiciada pelo sentimento de afeto, de amor, de gratidão pela oportunidade de poder decidir por si mesmo. A tonalidade afetiva abre o mundo e o mantém aberto. O papel do mediador aqui será de auxiliar as partes a perceber, a modular a tonalidade afetiva para a elaboração das possibilidades, como no momento de afinação da orquestra antes de iniciar o concerto.

7.6 A FASE DE ELABORAÇÃO DAS POSSIBILIDADES: DESCONSTRUIR E CONSTRUIR

O poder decidir significa estar diante da liberdade para resolver qual caminho seguir, saber se movimentar na vida elaborando e realizando suas possibilidades no ato de escolha para mudar a própria vida, no querer fazer este movimento de ir ao encontro para mudar e dar conta de si mesmo.

---

[215] HEIDEGGER, Martin. **Ser e Tempo**. Tradução e organização, nota prévia, anexos e notas de Fausto Castilho. Campinas, SP: Editora Unicamp; Petrópolis, RJ: Editora Vozes, 2012, p. 429. (1ª reimpressão 2014). Título original: *Sein und Zeit*.

Liberdade é agir com amor, ética e respeito na sua autonomia de Ser-aí. Os mediandos constituem fenomenologicamente seres históricos e não categorizáveis. São seres que existem, estão abertos e, consequentemente, conseguem obter a compreensão. Assim, o passado deve ser honrado e lembrado nesta etapa apenas como momento de busca da razão do ser. Após passar pelo caminho da compreensão e da interpretação sobre tudo que ocorreu em relação ao conflito até esta etapa, os mediandos podem se certificar de que houve uma desconstrução de pré-conceitos e paradigmas e de que só assim foi possível conquistar a oportunidade de ter a liberdade de escolher possibilidades. Os atos nobres de conquista e reconquista devem ser realizados. É olhar para frente com a sua essência, visto que o passado é imutável. O olhar para o futuro destina a se encontrar na pessoalidade. Uma ação consciente procurando o futuro, a realização do ser por meio da elaboração e escolha das possibilidades. Esta é a liberdade: elaborar várias possibilidades e poder escolher a que melhor guiará seu caminhar. Esse caminhar que depende da construção do próprio mediando.

A curiosidade também deve estar presente como [...] uma incapacidade de permanecer no imediato, a busca pela inquietação e a excitação do sempre novo e a mudança de o-que-vem-de-encontro.[216] O sentimento de curiosidade em querer ver o novo e novas possibilidades deve ser destacado pelo mediador como forma de instigar as partes na busca do novo modo de poder ser.

Na Mediação Fenomenológica, é preciso realizar um processo de desconstrução de questões supérfluas e de conhecimentos que foram sedimentados equivocadamente, os quais incomodavam o mediando e irritavam sua existência no mundo circundante, sobrecarregando o seu caminhar. Esse Fenômeno da Desconstrução é possível após os mediandos realizarem, nas etapas anteriores, a interpretação, para agora seguirem no momento de recolhimento e de solidão

---

[216] Idem, p. 485.

do imenso de ser só. Isso posto, é como se tivesse se recolhido à noite para o pensar sobre, pois a noite traz consigo o escuro, o que deixa o pensamento vir à tona por estar na temporalidade, no tempo de recolhimento e de concentração. É o momento no qual tudo se intensifica e se turbina.[217] Tudo se acalma, se acomoda. É necessário viver a espacialidade da noite, o recolhimento e concentração para se reencontrar. Não se deve ter medo da escuridão, e sim vivenciá-la e usufruir os benefícios da escuridão, do seu vazio, desconhecido e possibilidade de descobrimentos.

É o momento de deixar vir à tona o Fenômeno da Flexibilidade Cognitiva, em que há um constante desconstruir do passado para construir o futuro. Necessidade de ter um momento de escuridão e aproveitá-lo para ser, para formar o novo ser. Gilvan Fogel considera que:

> [...] criar é um movimento *espontâneo* de alteração ou de

---

[217] FOGEL, Gilvan. **Sentir, ver, dizer: cismando coisas de arte e de filosofia.** Rio de Janeiro: Mauad X, 2012, p.18.

> diferenciação, portanto, de transformação da vida em seu devir ou em sua história. Vida é criação, isto é, vida é este movimento espontâneo, então, desde nada, em razão de nada ou graças a nada, que marca, que pontua um vir a ser ou devir, o qual, por sua vez, em sendo transformação, se mostra constitutivamente como alteração, diferenciação. Em si, desde si, alterar-se, isto é, vir a ser outro, isto é, *autosuperar-se*.[218]

É preciso ver este momento como oportunidade de transformação para o amadurecimento e renascimento do Ser-aí. Assim, a escuridão propicia, também, um momento de morte, de interrupção de algo. E o estar diante da morte como momento único faz pensar e tomar decisões importantes e inadiáveis. É preciso decidir, produzir possibilidades mediante o desvelamento do Ser-aí.

Nesta fase de resolução da questão, o Ser-aí deve ter consciência da sua existência, na

---

[218] *Idem*, p.24.

pessoalidade para conseguir refletir e construir as suas possibilidades. É uma importante fase, pois, ao reconhecer a sua pessoalidade e o outro como Ser também individual, portador de necessidades intrínsecas, diferentes da sua, o Ser-aí, com seus legítimos conhecimentos sedimentados, será agora capaz de dizer quais seriam suas possibilidades a caminho de procurar resolver a questão. Para poder ter a liberdade de decidir, o Ser-aí deve se voltar para a sua posição prévia, já que é precisamente nesse *modus* que a tonalidade-da-conjuntação aberta no entender-mundo é fundamento essencial da interpretação cotidiana do ver-ao-redor. Essa interpretação se funda cada vez em um "ter prévio".[219] Cumpre esclarecer que a posição prévia designa uma possibilidade concreta de ser, o ser simplesmente dado, ser presente, mudança e transformação atual, como um colocar-se ao

---

[219] HEIDEGGER, Martin. **Ser e Tempo**. Tradução e organização, nota prévia, anexos e notas de Fausto Castilho. Campinas, SP: Editora Unicamp; Petrópolis, RJ: Editora Vozes, 2012, p. 425. (1ª reimpressão 2014). Título original: *Sein und Zeit.*

alcance da vista.[220] Determinar as possibilidades é colocar ao alcance de si mesmo e do outro. A posição prévia é o lugar onde o Ser-aí se encontra naquele momento determinado e, nesse caso, no momento de dizer das suas possibilidades.

Uma possibilidade possui um modo próprio de ser assumida e verificada, isto é, não se tropeça com ela na rotina mecânica, nem possui caráter temático. Pois assumir uma possibilidade significa assumi-la e configurá-la em seu ser, ou seja, o que há nela de possibilidades previamente delineadas.[221]

Nesta etapa, de elaboração das possibilidades, é preciso sobressair, como um ato de amor. Amar significa ter liberdade. E é por isso que os mediandos devem se amar, destinar um sentimento amoroso com ele mesmo, de abertura para análise dos seus interesses.

---

[220] HEIDEGGER, Martin. **Ontologia: hermenêutica da faticidade.** Tradução de Renato Kirchner. 2 ed. Petrópolis, RJ:Vozes, 2013a, p. 22 e 50. (2ª reimpressão março/2016). Título original: *Ontologie (Hermeneutik der Faktizitat)*.
[221] *Idem*, p. 82.

Os mediandos estão, agora, na etapa de finalização do procedimento, momento no qual as possibilidades serão colocadas à mesa, para que possam estudar, dentre elas, quais as melhores que farão parte do acordo. O mediador deve ressaltar a importância de todo o trabalho realizado até então e explicar o quanto é importante que ambos os mediandos tenham a noção de que tudo que pensaram como possibilidade devem destacar seus interesses e a manutenção da autenticidade. Como a mediação é um modo de resolução em que as partes geralmente abrem mão de algo para que possibilitem alcançar o acordo, não quer dizer que tenham que ferir a autenticidade e negar-se pelo outro. Ao contrário, a parte deve ter como foco principal seus interesses e a sua vontade dentro da sua autenticidade, bem como para o sucesso do procedimento, tirar o foco do outro como objetivo principal de vinganças e sentimentos negativos, pois já se é capaz de reconhecer o outro com sua historicidade e pré-conceitos que fizeram parte do horizonte hermenêutico do mundo circundante. O abrir mão de certas possibilidades diz respeito ao Ser-aí dentro dos aspectos que são menos importantes para ele, que não representam o essencial. Dispensável será todo o interesse que não fizer parte da real necessidade do mediando, igualmente, como tudo o que pouco interessa. O pensamento e a criatividade devem estar vertidos estritamente para o que o mediando julgue ser melhor e mais importante a ele.

A disposição para trabalhar nesta etapa é fundamental. Esta vontade[222] indica que os mediandos estão abertos para seguirem em frente no mundo das questões a serem resolvidas. Deve-se ter um modo decisivo de agir, porque [...] o decisivo não é sair do círculo, mas nele penetrar de modo correto. [223]

---

[222] Esta vontade deve surgir no mais íntimo da essência.
[223] HEIDEGGER, Martin. **Ser e Tempo**. Tradução e organização, nota prévia, anexos e notas de Fausto Castilho. Campinas, SP: Editora Unicamp; Petrópolis, RJ: Editora Vozes, 2012, p. 433. (1ª reimpressão 2014). Título original: *Sein und Zeit*.

Além da disposição para agir dos mediandos, é necessária uma transformação da atmosfera que envolva certa afetividade que faça sentido, de modo que ele encontre a tonalidade afetiva que possibilite a execução do trabalho de forma proativa. Para tanto, a interpretação da linguagem pelo mediador será essencial para tornar possível aos mediandos um ambiente favorável a esse momento. Os sentidos devem estar articulados com a atmosfera para manter o ambiente propício para a elaboração das possibilidades. Dessa forma, os mediandos devem pensar nos mobilizadores estruturais da rede referencial. Por quê? Por causa de quê? O quê? Para quê? Qual é a real motivação para elaborar a possibilidade? É preciso que algo mobilize sua ação. [...] O aberto no entender, o entendido, já é sempre acessível, de tal maneira que pode ser expressamente destacado o seu 'como quê'. O 'como' constitui a estrutura do ser-expresso de um entendido; ele constitui a interpretação.[224] Deve-se trazer à tona a totalidade referencial e direcionar a resolução para o foco existencial, no qual é necessário que as questões ressaltadas na análise da possibilidade façam sentido para os mediandos diante da resposta que procuram com a solução cerne do conflito. Verificar para que se está analisando esta ou aquela possibilidade. Em seguida, para que o mediando prossiga na elaboração das possibilidades, deve-se acrescentar o uso da totalidade conformativa[225] e analisar a justificativa pela qual o mediando resolveu inserir a possibilidade, pensado em encontrar a resposta diante da justificativa posterior à possibilidade. O mediando precisa buscar os sentidos, sustentando o espaço de pré-conceitos. Com essa ação, ele que, muitas vezes neste momento de elaboração das possibilidades, nem raciocina o porquê está fazendo e, diante do sentido, haverá uma mobilização para fazer. Evita-se, com isso, a simples reprodução sem questionar

---

[224] *Idem*, p. 423.
[225] Idem, p.134/137.

a justificativa. Haverá a junção entre significado – o que representa, do tornar possível e o sentido[226] – e reconhecimento para agir. Haverá análise nas possibilidades de um o que é, porque é e para quê – análise das referências que se ligam mediante uma teia.

Para ilustrar, exemplifico com o caso presenciado na mediação, cita-se o casal que se separou, e um dos motivos das brigas era que, nos finais de semana, o ex-marido convidava os amigos e cozinhava para eles. Nada demais para uma família em que os amigos são sempre bem-vindos. Uma das possibilidades colocadas na mesa de mediação pela ex-esposa se tratava do jogo de panelas esmaltado que ele havia comprado. A princípio, os utensílios eram dele, os quais eram

---

[226] Sentido é aquilo em que a entendibilidade de algo se mantém. Denominamos sentido o que é articulável no abrir que entende. O *conceito do sentido* compreende o arcabouço formal do que pertence necessariamente ao articulável pela interpretação entendedora. Sentido é aquilo-em-relação-a-quê do projeto, estruturado pelo ter-prévio, pelo ver-prévio e pelo conceito-prévio, a partir de que algo pode ser entendido como algo. Idem, p. 429.

utilizados em todos os fins de semana. Entretanto, a ex-esposa queria ficar com este jogo de panelas. O detalhe curioso era que ela não cozinhava, mas o jogo de panelas representava para ela um dos motivos das desavenças, pois ele ficava cozinhando para os amigos e não para ela e, consequentemente, ele ficava com os amigos nos fins de semana e não com ela. Qual a motivação para ela elaborar essa possibilidade? Para que ela queria ficar com o jogo de panelas e por qual justificativa? Não há um interesse autêntico nessa possibilidade, além de penalizar o ex-marido. Todas as vezes que a ex-esposa olhasse para o jogo de panelas, ela iria reviver todo o ocorrido. Assim, qual a justificativa de ela ficar com o jogo de panelas e para quê?

Na fase de elaboração das possibilidades, há um desconstruir para reconstruir. Com isso, é importante que se tenha vontade de superar, de transpor as ações e atitudes. São momentos que demandam um esforço enorme das partes. Os mediandos não devem ter a sensação de que, após todo o percurso da mediação, só sobrou "a carcaça" do ser humano. Devem ter a sensação de ganho múltiplo, pois todos depositaram suas possibilidades diante de interesses, da autenticidade, do legítimo sentido de ser inserido na entendibilidade do Ser-aí.[227] Algumas questões perdem até a importância, já que os mediandos têm objetivos que, a princípio, são importantes, mas que, ao longo do caminho, perdem esta qualificação. Assim, depois que se conquistou a real possibilidade, não há mais necessidade de mencionar outras questões de menor importância. Por isso é necessário frisar o interesse, o significado e sentido de cada possibilidade elaborada.

Ao final do processo de elaboração das possibilidades, os mediandos perceberão que realmente conseguiram potencializar a autonomia que estava adormecida durante o conflito, mas que ressurge para que possam lidar com diferenças, com sentimentos difíceis diante do aprendizado de

---

[227] Idem, p. 431.

habilidades de saberes que conquistaram no procedimento. Tem que estar bem claro e compreendido o para quê e o porquê diante da autenticidade. O Ser-aí deve estar [...] entregue à possibilidade de se reencontrar somente em suas possibilidades,[228] intenso no sentimento de reconquista do seu modo de ser e de poder ser com ele mesmo e com o outro em diversas circunstâncias, para que contemple o entendimento de poder-ser no mundo.[229] Este nobre sentimento significa o reviver do Ser-aí, um reconquistar de si mesmo. Os mediandos quando chegam a essa fase, completam as etapas da Mediação Fenomenológica que irá refletir no modo atencioso de existir.

---

[228] *Idem*, p. 411.
[229] O entender é o ser existenciário do poder-ser próprio do Dasein ele mesmo e isto de tal maneira que este ser abre em si mesmo o que lhe toca. [...] O entender como abrir abrange sempre o todo da constituição-fundamental do ser-no-mundo. Como poder-ser, o ser-em é cada vez poder-ser-no-mundo. Este não é aberto somente *qua* mundo como possível significatividade, mas o próprio pôr-em-liberdade o ente do-interior-do-mundo deixa esse ente livre em suas *possibilidades*. Idem, p. 411.

7.7 O CUIDADO DIANTE DAS ESCOLHAS QUE PERMEARÃO A VIDA DO SER-AÍ

Cuidado é uma palavra que diz muito ao íntimo do Ser-aí. Cuidado é ter amor consigo, com o outro e mostrar-se aberto ao mundo circundante. Cuidado é olhar com gratidão para a vida e perceber que valeu a pena todo o zelo diante de circunstâncias que foram conquistadas e ultrapassadas. Cuidado ao desconstruir para deixar ir embora o que não faz mais parte do Ser-aí e construir diante de bases sólidas da estrutura do ser. Cuidado é ter respeito por si mesmo e pelas suas decisões. É respeitar o outro dentro do seu mundo, da sua historicidade e saber do que ele dá e do que não dá conta de suportar, reconhecendo o outro no seu horizonte histórico perante seus pré-conceitos. O poder ser é participar da vida histórica do tempo e, com isso, o pensar sobre as possibilidades articuladas por meio do momento de instabilidade e do conflito, o poder-ser de modo a constituir um reencontro com o Ser-aí.

É preciso que o ser humano destine o melhor zelo possível na fase final da mediação, pois repercutirá diretamente no seu mundo com projeção para sua temporalidade futura. A individualização na atualidade demanda atenção.

Alguns momentos da vida do Ser-aí, quando estão presentes aspectos negativos como a tristeza, a depressão e ansiedade, causam um descuidado ao afastar o Ser-aí de si mesmo. Então, faz-se necessário o Ser-aí libertar-se desta condição, para conseguir mostrar o que é mais importante. Dessa forma, o cuidado envolve três modos: o Ser-aí é antes de si mesmo; o Ser-aí é suas possibilidades, imaginando o que fazer em seguida; e está em busca de alguma coisa. No instante da escolha, Heidegger faz uma associação desses modos à 'existência', com a 'compreensão' e com o futuro. O Ser-aí é já no mundo, 'ser-lançado' e com a 'facticidade' – o ato de o Ser-aí ser 'sempre já' numa situação específica que determina as possibilidades que ficam à sua disposição – com o estado de espírito ou 'estado-de-alma' que revela seu ser-lançado.[230] A noção de cuidado envolve e coloca o Ser novamente na existência para o Ser-aí. Diante do cuidado, o Ser-aí passa a ter como morada um mundo significante.

Por meio do cuidado, as partes têm a possibilidade de encontrar a melhor solução que adeque ao futuro delas, com sentido e significado. O cuidado é fenômeno que possibilita o aprendizado do Ser-aí perante a vontade de fazer diferente para si mesmo, resultando no crescimento que tonifica a vida e se faz mais vida.

Os mediandos devem ter zelo, cuidado ao decidirem sobre suas vidas, bem como agir diante do Fenômeno da Preocupação, que diz respeito ao modo de se ocupar consigo mesmo. Devem buscar a paz por meio do respeito, da moral, da ética e do amor.

---

[230] Idem, p.204/209.

A linguagem é o mundo do ser, o abrigo do ser,[231] o local de aconchego, no qual o Ser-aí está em perfeita sintonia com ele mesmo. Dessa maneira, ele deve ter todo o zelo para com ele mesmo, decidindo pela melhor possibilidade que vá satisfazer o interesse dele, pensando primeiro nele, no que representa uma importância suprema para ele, pois, agindo dessa forma, depois ficará mais fácil olhar para o outro e perceber a necessidade de buscar, de compor a melhor solução para ambos, visto que seu interesse já está garantido. Assim, o olhar ao outro se faz com melhor boa vontade. O mediando poderá abrir mão de questões que, muitas vezes, nem lhe pertencem e estavam na mesa de mediação como "falsas questões".

Só depois de conhecer, de compreender e interpretar, é que se pode preocupar e cuidar do outro. Para Heidegger, o conhecimento mútuo e

---

[231] HEIDEGGER, Martin. **Carta sobre o humanismo** / Martin Heidegger. Tradução de Rubens Eduardo Frias. 2 ed. rev. São Paulo: Centauro, 2005, 89 p. Título original: Lettre sur l'humanisme .

imediato necessita que eles-aprendam-a-se-conhecer.[232]

Este momento de cuidado perante a escolha das possibilidades elaboradas pelos mediandos indica um recomeço, como fechar um ciclo para que se possa iniciar outro. Isso se deve porque, após todo o processo de reconhecimento do ser no mundo e com os outros, a sua circunvisão, já compreendida, interpretada e contextualizada, passa de um mundo de realidade para outro, no qual se tem novas expectativas, interesses e necessidades. O mundo continua sob nova perspectiva, sob novo mundo do Ser-aí. O conflito se apresenta no mundo como algo emergente, que deve ser cuidado, medicado e sanado. O momento de transposição do conflito tem-se no seu encerrar, não apenas uma medida estanque na atividade conflituosa, mas a necessidade de se colocar um

---

[232] HEIDEGGER, Martin. **Ser e Tempo**. Tradução e organização, nota prévia, anexos e notas de Fausto Castilho. Campinas, SP: Editora Unicamp; Petrópolis, RJ: Editora Vozes, 2012, p. 359. (1ª reimpressão 2014). Título original: *Sein und Zeit*.

ponto final, para que as partes possam viver um novo ciclo, uma nova vida rumo ao futuro. O conflito e o passado já se foram e aconteceu um aperfeiçoamento. O ser se transforma e se prepara para uma nova vida. O seu mundo já não é o mesmo. Agora, ele tem ciência de por que tudo aconteceu e como deve fazer para evitar que o evento conflituoso retorne.

O mediador deve auxiliar as partes a encontrarem a melhor de todas as alternativas, bem como a terem a sensibilidade de localizar o que significa e está em grau de maior importância a elas.[233]

Após a definição da escolha das possibilidades na mediação, indicando o término do conflito, as partes devem se calar. Tudo foi contextualizado, compreendido e resolvido. Agora é seguir em frente, sem olhar para trás, focando na nova vida que se apresenta, pois

---

[233] Impende inserir que para Heidegger o decisivo não é sair do círculo, mas nele penetrar de modo correto. Idem, p. 359.

> [...] Viver, o fazer-se corpo de corpo, é suportar, é atravessar uma experiência, fazer uma ou esta viagem – talvez, longa viagem. Insistência, persistência, atravessamento[234]. [...] A este perfazimento ou caminho, a esta per-feição de experiência, pode-se também chamar amadurecimento, no sentido de crescimento, e este, no sentido de agravamento, de intensificação, à medida que se mostra ser este o tempo do tempo fazer-se tempo.[235]

O mediador cumpriu com sua função de auxiliar as partes a chegarem ao acordo, legitimou o que lhes foi mais importante: reconhecer o outro como ser humano e, assim, aprender a lidar com o outro. Impende ressaltar que a solução deve contemplar as necessidades de ambas as partes, seja em grau de maior ou menor de interesses. Após análise da melhor possibilidade, o acordo será reduzido a Termo de Mediação e assinado, para posteriormente ser encaminhado ao Poder

---

[234] FOGEL, Gilvan. **Sentir, ver, dizer: cismando coisas de arte e de filosofia.** Rio de Janeiro: Mauad X, 2012, p.54.
[235] *Idem*, p.56.

Judiciário e, com a homologação, constituir título executivo judicial.

CONCLUSÃO

A sociedade clama por um modo adequado de resolução de conflitos, de maneira que possa potencializar a autonomia e o aprendizado das habilidades de saberes do ser humano, acrescido ao fato de necessitar da efetiva diminuição da propositura de ações que estão sendo realizadas como forma de judicializar o discurso.

Há um modo de vida que se sobressai - o individualismo. Mas esse modo se tornou superficial diante do desenvolvimento tecnológico, o qual fez com que o ser humano se isolasse por meio do uso de aparelhos eletrônicos com multifunções e dos computadores. O homem está mais intolerante e impaciente para lidar com o outro. Desaprendeu a estar e a respeitar o outro, e até ele próprio. Dessa maneira, os conflitos têm aumentado a cada dia, inclusive, os de dimensões pequenas.

Assim, a mediação, como método de gestão, transformativo de resolução de conflitos, tem assumido um papel relevante no contexto jurídico-social, com o escopo de tentar melhorar o relacionamento entre os indivíduos, bem como o resultado da administração do Poder Judiciário, refletindo, assim, na pacificação social.

O Conselho Nacional de Justiça, cumprindo a função de inserir alternativas para o momento tumultuado pelo qual passa o Poder Judiciário brasileiro, fomenta a mediação, tanto o uso da metodologia quanto a capacitação de formação de mediadores. Mas esta atitude de realizar a técnica tendo como instrumento basilar o Manual de Mediação Judicial não surtirá o resultado esperado, por não primar pelo modo diferente das pessoas entenderem o conflito. Dessa forma, também se deve repensar sobre outras metodologias de resolução de conflito que proporcionem um atuar diante do tecnicismo.

A proposta desta obra foi demonstrar que a maneira como o mediador irá trabalhar no procedimento com características persecutórias para auxiliar os mediandos a descortinar o litígio perante a fenomenologia será fundamental para o sucesso da mediação, pois haverá a possibilidade de as partes entenderem e aprenderem a lidar e resolver os conflitos atuais e futuros.

A Mediação Fenomenológica visa à análise da linguagem, de modo a buscar a compreensão e interpretação do conflito, para indicar ao ser humano o entender sobre a forma de ser das pessoas, da historicidade e dos pré-conceitos que foram sedimentados com o passar do tempo.

Deve-se perceber e conscientizar que cada indivíduo é único, não categorizável e que, em alguns momentos, faz-se existente no Ser-no-mundo, no Ser-aí, na pessoalidade e impessoalidade e, com isso, haverá a identificação de momentos e o entender do que advém de cada um e quais são os significados e sentidos da linguagem.

A partir disso, o mediando irá pensar na sua vida de forma diferente e perceber a possibilidade de buscar a solução para o conflito de modo consciente diante da autenticidade de ser. A resolução dos seus próprios problemas será focada, inicialmente, na individualidade, em seus interesses e necessidades, de maneira a observar sua historicidade e buscar as possibilidades possíveis. Impende destacar que, frente ao individualismo superficial, é preciso que o mediando quebre paradigmas, olhe para si e perceba que é um ser humano com seu próprio modo de poder ser.

O mediando, com o trabalho realizado na Mediação Fenomenológica, terá um olhar para o outro reconhecendo-o dentro de sua historicidade, de seus pré-conceitos e limites. Verá no outro um Ser-aí dentro de sua expectativa, um outro indivíduo. Esse reconhecimento facilitará a análise também das possibilidades da outra parte, a qual, também, está inserida na sua historicidade, por meio da interpretação para entender que as ações e falas são frutos de fenômenos que vieram se realizando ao longo do tempo.

Os mediandos devem realizar a abertura diante da interpretação, para perceberem que não há como mudar o outro, mas sim reconhecer cada um na sua individualidade histórica e entender que o outro também está inserido no seu contexto.

As possibilidades serão elaboradas depois das partes se desconstruírem e reconstruírem em um círculo hermenêutico, através da pré-compreensão, compreensão e interpretação. Após esta atividade fenomenológica de entendimento do conflito, os mediandos estarão aptos a elaborarem suas possibilidades e, em seguida, olhar para o outro e ajudá-lo no que puder, para que cheguem a uma possibilidade viável a ambas as partes.

Ressalta-se que todo este modo de chegar a um acordo só será possível mediante o exercício da função do mediador com esmero, com a sensibilidade para auxiliar os mediandos a entenderem a linguagem de um modo diferente e, com isso, passar pelas etapas do procedimento. Como os mediandos estão articulando um processo de análise de interesses e de necessidades individuais e mútuas, ambos devem zelar pelo amor, compaixão, respeito e amizade individual, para depois verter este olhar zeloso ao próximo. Assim, será possível efetivamente diminuir as proposituras de ações, bem como possibilitar que as partes consigam resolver seus problemas, o que contribuirá para a redução da judicialização do discurso.

A Mediação Fenomenológica apresenta uma forma alternativa de resolução, na qual será possível o reconhecimento do Ser-aí na sua pessoalidade, em que os mediandos poderão se conscientizar da existência do outro, do modo como o conflito surgiu, o significado e sentido das possibilidades elaboradas, para, então, decidirem o acordo. Isso posto, pretende-se nesta obra contribuir para que as pessoas possam encontrar um modo de Ser-aí zeloso, com constante atenção à compreensão e interpretação da linguagem. E assim, vamos poder efetivamente construir a paz!

REFERÊNCIAS

ASSOCIAÇÃO AMERICANA DE ARBITRAGEM. Disponível em: <www.adr.org> . Acesso em: 20 jul. 2019.Título original: American Arbitration Association.

ASSOCIAÇÃO DOS MAGISTRADOS MINEIROS. **Brasil avança em referência com estatísticas judiciárias**. Disponível em: < https://amagis.jusbrasil.com.br/noticias/237839798/brasil-avanca-como-referencia-em-estatisticas-judiciarias-diz-pesquisador>. Acesso em: 09 jun. 2019.

ASSOCIAÇÃO DE MEDIADORES DE CONFLITOS. Disponível em:< https://mediadoresdeconflitos.pt/sobre-a-amc/>. Acesso em 16 fev. 2021.

AZEVEDO, André Gomma (Org.). **Manual de Mediação Judicial.** 3 ed. Brasília: Ministério da Justiça e Programa das Nações Unidas para Desenvolvimento – PNUD, 2012.

BRASIL. Câmara dos Deputados. **Decreto nº 88.984 de 10 de novembro de 1983.** Disponível em: <http://www.camara.gov.br/legin/fed/decret/1980-1987/decreto-88984-10-novembro-1983-438897-publicacaooriginal-1-pe.html>. Acesso em: 18 jul. 2019.

_____. Câmara dos Deputados. **Projeto de Lei nº 4.827-D, de 1998**. Disponível em: <http://imagem.camara.gov.br/Imagem/d/pdf/DCD0020130705001170000.PDF#page=463>. Acesso em 18 jul. 2019.

_____.Conselho Nacional de Justiça - Brasília: CNJ, 2015 Disponível em: <http://www.cnj.jus.br/programas-e-acoes/pj-justica-em-numeros>. Acesso em: 27 mar. 2016.

_____..Conselho Nacional de Justiça - Brasília: CNJ, 2020
Disponível em: <https://www.cnj.jus.br/wp-content/uploads/2020/08/WEB_V2_SUMARIO_EXECUTIVO_CNJ_JN2020.pdf>. Acesso em: 09 jun. 2021.

_____. Conselho Nacional de Justiça. **Manual de Mediação Judicial.** André Gomma de Azevedo (Org.). 6 ed. Brasília, DF: CNJ, 2016.

_____.Conselho Nacional de Justiça. **Resolução nº 125 de 29 de novembro de 2010.** Disponível em: <http://www.cnj.jus.br/busca-atos-adm?documento=2579>. Acesso em: 18 jul. 2019.

_____.Conselho Nacional de Justiça. **Resolução nº 271 de 11 de dezembro de 2018.** Disponível em: <http://www.cnj.jus.br/busca-atos-adm?documento=2579>. Acesso em: 28 fev. 2019.

_____. Conselho Nacional de Justiça. Conciliação e Mediação – **Portal da Conciliação**. Disponível em: <http://www.cnj.jus.br/programas-e-acoes/conciliacao-e-mediacao-portal-da-conciliacao>. Acesso em: 13 out. 2016.

_____. Conselho Superior de Justiça do Trabalho. **Resolução nº 147 de 30 de setembro de 2016**. Disponível em: <http://www.csjt.jus.br/c/document_library/get_file?uuid=235e3400-9476-47a0-8bbb-bccacf94fab4&groupId=955023>. Acesso em: 06 ago. 2019.

_____. **Constituição da República Federativa do Brasil de 05 de outubro de 1988**. Disponível em: <http://www.planalto.gov.br/ccivil_03/constituicao/ConstituicaoCompilado.htm>. Acesso em: 18 jul. 2019.

_____.Presidência da República. **Lei nº 1.060 de 5 de fevereiro de 1950.** Disponível em: <http://www.planalto.gov.br/ccivil_03/leis/L1060.htm>. Acesso em: 09 ago. 2016.

_____.Presidência da República. **Lei nº 13.105 de 16 de março de 2015.** Disponível em: <http://www.planalto.gov.br/ccivil_03/_ato2015-2018/2015/lei/l13105.htm>. Acesso em: 24 mar. 2016.

_____. Presidência da República. **Lei nº 13.140 26 de junho de 2015.** Disponível em: <http://www.planalto.gov.br/ccivil_03/_Ato2015-2018/2015/Lei/L13140.htm>. Acesso em: 24 mar. 2016.

_____. Presidência da República. **Lei nº. 14.112 de 24 de dezembro de 2020.** Disponível em: < http://www.planalto.gov.br/ccivil_03/_Ato2019-2022/2020/Lei/L14112.htm#art2> . Acesso em: 16 fev. 2021.

_____. Supremo Tribunal de Justiça. **Recurso Especial nº 2001/0112777-9 SP.** Ministra relatora: Eliana Calmon. Disponível em: <http://www.stj.jus.br/SCON/jurisprudencia/toc.jsp

?tipo_visualizacao=null&livre=escola+base+de+s
%E3o+paulo&&b=ACOR&p=true&t=&l=10&i=1
1>. Acesso em: 24 out. 2012.

_____. Tribunal de Justiça de Minas Gerais. **TJMG e Parceiros lançam Programa de Justiça Restaurativa.** Disponível em: <http://www.tjmg.jus.br/portal-tjmg/noticias/tjmg-e-parceiros-lancam-programa-de-justica-restaurativa.htm#.XTMvtehKjIU>. Acesso em: 20 jul. 2019.

BRIQUET, Enia Cecília. **Manual de Mediação – teoria e prática na formação do mediador**. Petrópolis, RJ: Editora Vozes. 2016.

CAHALI, Francisco José. **Curso de Arbitragem: resolução CNJ 125/2010: mediação e conciliação**. São Paulo: Editora Revista dos Tribunais. 2012.

CAMPOLINA, Inês Maria de Carvalho. **Atuação do Advogado na Mediação.** In: MEGALE, Maria Helena Damasceno e Silva (Org.). A Invocação da Justiça no discurso Juspolítico. Belo Horizonte: Imprensa Universitária da UFMG, 2013. P.91-109.

CASANOVA, Marco Antônio. **Compreender Heidegger.** Petrópolis, RJ: Vozes, 2009.

FEDERAÇÃO NACIONAL DOS CENTROS DE MEDIAÇÃO. Disponível em: <https://e-

justice.europa.eu/content_mediation_in_member_st ates-64-fr-pt.do>. Acesso em: 20 jul. 2019. Título original: Fédération Nationale des Centres de Médiation

FIGAL, Gunter. **Introdução a Martin Heidegger.** Tradução de Marco Antônio Casanova. Rio de Janeiro:Via Veritá, 1949 -2016. Título original: Phanomenologie der Freiheit.

FIGUEIRA JUNIOR, Joel Dias. **Manual da Arbitragem**. São Paulo: Revista dos Tribunais, 1997.

FIORELLI, José Osmir; FIORELLI, Maria Rosa; MALHADAS JÚNIOR, Marcos Júlio Olivé. *Mediação e Solução de Conflitos:* **teoria e prática**. São Paulo: Atlas, 2008.

FISHER, Roger; URY, Willian; PATTON, Bruce. **Como chegar ao sim: negociação de acordos sem concessões**. Tradução de Vera Ribeiro e Ana Lúcia Borges. 2 ed. Rio de Janeiro: Imago, 1994. Título original: Getting to Yes: negotiating agreement without giving in.

FOGEL, Gilvan. **Sentir, ver, dizer:cismando coisas de arte e de filosofia.** Rio de Janeiro: Mauad X, 2012.

GARCEZ, José Maria Rossani. **Negociação. ADRS. Mediação.Conciliação e Arbitragem.** 2 ed. Rio de Janeiro: Lúmen Júris, 2004.

GRINOVER, Ada Pelegrine; CINTRA, Antônio Carlos de Araújo; DINAMARCO, Cândido Rangel. **Teoria Geral do Processo**. São Paulo: Revista dos Tribunais, 1979.

GRINOVER, Ada Pellegrini;WATANABE, kazuo;NETO LAGRASTA, Caetano. **Mediação e Gerenciamento do Processo**. São Paulo: Atlas, 2007.

HEIDEGGER, Martin. **A Caminho da Linguagem**. Tradução de Márcia Sá Cavalcante Schuback. 5 ed. Petrópolis, RJ: Vozes, 2011,.Título original: *Unterwegs zur Sprache.*

_____. **Carta sobre o humanismo** / Martin Heidegger. Tradução de Rubens Eduardo Frias. 2 ed. rev. São Paulo: Centauro, 2005. Título original: Lettre sur l'humanisme .

_____. *Ontologia: hermenêutica da faticidade.* Tradução de Renato Kirchner. 2 ed. Petrópolis, RJ:Vozes, 2013a, (2ª reimpressão março/2016). Título original: Ontologie(Hermeneutik der Faktizitat).

_____. **O que é isso filosofia?: identidade e diferença.** Tradução de Emildo Stein. 3 ed.

Petrópolis, RJ: Vozes, 2013b. Título original: Was ist das-die Philosophie?:identitat und differenz.

_____. **Ser e Tempo**. Tradução e organização, nota prévia, anexos e notas de Fausto Castilho. Campinas, SP: Editora Unicamp; Petrópolis, RJ: Editora Vozes, 2012. (1ª reimpressão 2014). Título original: Sein und Zeit.

_____. **Ser e Tempo**. Tradução revista e apresentação de Márcia Sá Cavalcante Schuback. Posfácio de Emanuel Carneiro Leão. 8 ed. Petrópolis, RJ: Vozes; Bragança Paulista, SP: Editora Universitária São Francisco, 2013c, Título original: Sein und Zeit.

HUSSERL, Edmund. **A ideia da fenomenologia**. Tradução de Artur Morão. Rio de Janeiro: Edições 70 Ltda., 1989. Título original: Die Idee der Phãnomenologie.

INSTITUTO DE MEDIAÇÃO E ARBITRAGEM DO BRASIL (IMAB). São Paulo:SP. Disponível em: <http://www.imab-br.net>. Acesso em: 18 jul. 2019.

INSTITUTO DE MEDIAÇÃO E ABBITRAGEM DE PORTUGAL. Disponível em: <http://imap.pt/imapwp/wp-content/uploads/2013/04/lei_n_o_29_2013_mediacao_conflitos_mediador_procedimento.pdf>. Acesso em: 19 nov. 2013.

MARTINS, Pedro A. Batista; LEMES, Selma M. Ferreira, CARMONA, Carlos Alberto. **Aspectos Fundamentais da Lei de Arbitragem.** Rio de Janeiro: Forense, 1999.

MEGALE, Maria Helena Damasceno e Silva. **A Compreensão Virtuosa do Direito: Reflexão sobre a Ética na Hermenêutica Jurídica.** Revista Brasileira de Estudos Políticos, Belo Horizonte, v. 97, p. 71-104, Jan.-Jun. 2008

_____. *A Fenomenologia e a Hermenêutica Jurídica.* Belo Horizonte:Faculdade de Direito da UFMG, 2007.

_____. **Horizontes Hermenêuticos.** Belo Horizonte: UFMG, 2012.

_____. **Introdução à Ontologia Heideggeriana e ao meio ambiente: Abertura do ser para o infinito da existência com o outro.** Revista Brasileira de Estudos Políticos. Belo Horizonte, v. 99, p. 209-228, Jul.-dez. 2009.

_____. **O induzimento como forma de violência e injustiça no processo juspolitico: a premência da educação, janela de esperança para a lucidez.** Revista Brasileira de Estudos Políticos, Belo Horizonte, v. 100, p. 173-216, Jan.-Jun. 2010.

MOORE, W. Christopher. **O Processo de Mediação – Estratégias Práticas para a Resolução de conflitos.** 2 ed. Porto Alegre, Ed. Artmed, 1998.

NUNES, Antônio Carlos Ozório. **Manual de Mediação: guia prático para conciliadores.** São Paulo: Editora Revista dos Tribunais, 2016.

OLIVEIRA, Alfredo Emanuel Farias de. *Hermnêutica e fenomenologia*: **a via do pensamento**. A Invocação da Justiça no discurso juspolítico. Maria Helena Damasceno e Silva Megale (Org.). Belo Horizonte: Imprensa Universitária da UFMG, 2013.

ORSINI, Adriana Goulart de Sena; SILVA, Nathane Fernandes da. **Entre a promessa e a efetividade da mediação: uma análise da mediação no contexto brasileiro.** Revista Jurídica da Presidência Brasília, Brasília/DF, v. 18, n. 115, p. 331-356, Jun.-Set. 2016. Disponível em: <https://revistajuridica.presidencia.gov.br/index.php/saj/article/viewFile/1148/1156>. Acesso em: 26 dez. 2016.

OSTROWER, Fayga. **Criatividade e processos de criação.** 30 ed –Petrópolis:Vozes, 2014.

PACHÁ, Andréa Maciel. **A vida não é justa.** Rio de Janeiro: Harper Collins Brasil, 2016.

_____. **Segredo de Justiça: Disputas, amores e desejos nos processos de família narrados com emoção e delicadeza por uma juíza**. Rio de Janeiro: HarperCollins Brasil, 2014.

PORTAL DE ADVOGADOS. Ley 24.573. De Mediación y Conciliación. Disponível em: <www.portaldeabogados.com.ar/portal/index.php/l eyes/54-leyesnacion/184-24573-mediacion-conciliacion.html>. Acesso em: 07 mar. 2013.Título original: Portal de Abogados.

PORTAL EUROPEU DA JUSTIÇA. Disponível em: <https://e-justice.europa.eu/content_mediation_in_member_st ates-64-fr-pt.do> . Acesso em: 20 jul. 2019. Título original: EUROPEAN JUSTICE. França.

PRANIS, Kay. **Processos circulares**. São Paulo:Palas Athena, 2010.

PREFEITURA MUNICIPAL DE BELO HORIZONTE. **Companhia Urbanizadora e de Habitação de Belo Horizonte.** Disponível em:< https://prefeitura.pbh.gov.br/urbel/programa-judicial-de-conciliacao>. Acesso em 18 nov. de 2020.

SANTOS, Boaventura de Sousa. **Para uma revolução democrática da justiça.** 3ª ed. São Paulo:Cortez, 2011.

_____. **Pela mão de Alice: o social e o político na pós-modernidade.** 14 ed. São Paulo: Cortez, 2013.

SERPA, Maria de Nazareth. **Mediação, Alternativa Judiciosa.** Caderno de Estudos Jurídicos, Belo Horizonte, n. 2, p. 25-35, jun. 1993.

_____. **Teoria e prática da mediação de conflitos**. Rio de Janeiro: Lúmen Júris, 1999.

SIX, Jean François. **Dinâmica da Mediação**. Belo Horizonte:Del Rey, 2001. Título original: Dynamique de la mediation.

SOUZA NETO, João Baptista de Mello. **Mediação em juízo, abordagem prática para obtenção de um acordo justo**. São Paulo: Atlas, 2000.

TAVARES, Marcelo Horta. **Mediação e Conciliação.** Belo Horizonte: Editora Mandamentos, 2002.

THEODORO JÚNIOR, Humberto. **Curso de Direito Processual Civil – teoria geral do direito processual civil e processo de conhecimento**. 50 ed. Rio de Janeiro: Forense, 2009. 1 v.

THIBAU, Tereza Cristina Sorice Baracho; VASCONCELOS, Antônio Gomes. **O processo coletivo e o acesso à justiça sob o paradigma do** estado democrático de direito. **Revista Eletrônica de Direito Processual** *REDP*, Rio de Janeiro, v. 17, n. 2, 2013. Disponível em: <http://www.e-publicacoes.uerj.br/index.php/redp/article/view/8672/6569>. Acesso em: 26 dez. 2016.

VASCONCELOS, Carlos Eduardo de. **Mediação de conflitos e práticas restaurativas.** São Paulo: Editora Método, 2008.

WARAT, Luis Alberto. **O ofício do mediador.** Florianópolis: Habitus, 2001.

WEIL, Pierre; TOMPAKOW, Roland. **O corpo fala: a linguagem silenciosa da comunicação não verbal.** 71 ed. Petrópolis, RJ: Vozes, 2013.

WILDE, Zulema D; GAIBRIS, Luis Mauricio. **O que é a mediação.** Buenos Aires: Abeledo-Perrot, 1994. Título otiginal: **Que el la Mediacion.**

ZAHAVI, Dan. *A fenomenologia de Husserl.* Tradução de Marco Antônio Casanova. Rio de Janeiro: Editora Via Verita, 2015, p. 221. Título original: Die Phãnomologie Husserls.

ZEHR, Howard. **Justiça Restaurativa.** tradução Tônia Van Acker. São Paulo:Palas Athena, 2012.

SOBRE A AUTORA

Inês Campolina é graduada em Direito pela Milton Campos e em Administração pela FUMEC. Especialista e Mestre em Direito Empresarial, dedicou a pesquisa aos temas da mediação e arbitragem nas atividades empresárias. Participou do Programa de Pós-Graduação da Faculdade de Direito da UFMG ocasião na qual foi conferido o grau de Doutora em Direito, nas áreas de concentração de Direito e Justiça, com a tese: Mediação Fenomenológica. É especialista em Formação Docente: Educação Criativa pela PUC Minas.

Coordenadora e Professora da Pós-Graduação em Justiça Restaurativa da PUC Minas. Participa como Pesquisadora da UFMT - Direito Sistêmico e Advocacia 4.0 .

Fundadora da Edu.Con Consultoria e Treinamento, dedica seu trabalho a regulação educacional, gestão de curso, metodologias ativas e processo criativo. Autora do curso lvre Justiça Restaurativa – aspectos estruturantes e práticos.

Certificada em Foresight pela W Futurismo, pesquisa a inovação e metodologias de estudos de futuros.

Mediadora Judicial cadastrada no CNJ, IMA – Instituto de Mediação Aplicada, da CCMA –MG,Brasil e da AMC-Portugal. Instrutora em Justiça Restaurativa do Programa Nós - Núcleo para Orientação e Solução de Conflitos Escolares. Membra da Comissão de Justiça Restaurativa do Fórum Permanente do Sistema de Atendimento Socioeducativo de Belo Horizonte. Membra das Comissões de Direito Sistêmico e

Justiça Restaurativa, Educação Jurídica e Mulher Advogada, OAB/MG.

Humanista com experiência em responsabilidade social e autora de projetos.

Profissional polímata e eterna aprendiz.

Contato da Autora:

E-mail: inescampolina@hotmail.com

Currículo Lattes: http://lattes.cnpq.br/5653929678114127

www.ingramcontent.com/pod-product-compliance
Lightning Source LLC
Chambersburg PA
CBHW031607210526
45464CB00004B/1465